당신의 인생을 바꾸는
돈공부입문

당신의 **인생**을 바꾸는

돈공부입문

최현진 지음

UJ 중앙경제평론사

지금까지 당신이 알던 돈에 대한 생각을 모두 버려라

'경제적 자유인'이 아닌 '소박한 자유인'이 되자

IMF 외환위기 이후 부자 되기 열풍이 한국사회를 뒤흔들었다. 부자 되기 열풍의 바탕에는 돈만 많이 벌면 자신이 원하는 삶을 살 수 있을 거란 강한 믿음이 있었다. 사람들은 어디에도 구속되지 않고 자유롭게 사는 삶이 곧 행복이라 생각했고, 이를 가능하게 해줄 강력한 도구가 돈이라 믿었다. 그래서 그 당시 유행했던 단어가 바로 '경제적 자유인' 이었다.

'경제적 자유인'이란 말 그대로 돈이 많아 직장에 얽매이지 않고 자유롭게 사는 사람을 의미한다. 그런데 생각해보면 이미 우리나라에는 '경제적 자유인'을 의미하는 단어가 있었다. 바로 '한량'이다. '한량'은 돈 잘 쓰고 잘 노는 사람을 의미하는데, 보통 생계나 직업에 관계되는 일을 하지 않고 놀고먹던 말단 양반계층을 가리키는 말로 쓰였다. '경제적 자유인'과 '한량', 느낌이 비슷하지 않은가?

재산이 많아 편하게 인생을 즐기는 삶이 나쁘다는 말은 아니다. 하지만 문제는 부모로부터 거액을 상속받거나 로또에 당첨되지 않는 이

4

상, 자수성가하여 '경제적 자유인'이 되는 것이 현실적으로 점점 불가능해진다는 데 있다. 2000년대 초반만 해도 주식이나 부동산을 통해 부자의 반열에 오르는 사람들이 적지 않았다. 그들의 모험담은 베스트셀러가 되어 많은 사람들의 욕구를 자극하기에 충분했다. 하지만 금융위기를 거치며 상황은 반전되었다. 언제부터인가 저성장, 저금리, 그리고 고령화, 이 세 단어가 우리에게 익숙한 단어가 되었다. 비정규직은 늘어나고 월급은 오르지 않았다. 상시적인 구조조정으로 고용안정에 대한 불안감은 점점 높아져 가고 있다. 게다가 부동산과 주식 어느것 하나 믿을 만한 것이 없다. 상황이 이런데 아직도 본인의 노력에 의해 얼마든지 '경제적 자유인'이 될 수 있다고 생각하는가?

지금까지 우리는 돈이 많을수록 더 자유롭게 살 수 있을 거라 생각했다. 그리고 더 많은 자유가 우리를 더욱더 행복하게 만들어줄 것이라 믿었다. 이러한 과정을 거치면서 자연스럽게 돈이 많을수록 행복해질 수 있다는 강한 믿음이 생겨났다. 그런데 오늘날과 같이 원하는 만큼 돈을 벌 수 없다면 우리는 행복해지기를 포기해야 하는 것은 아닐까? 아니다. 절대 그렇지 않다. 행복은 그렇게 단순한 문제가 아니다.

돈은 자본주의 사회를 살아가기 위해 필요한 도구일 뿐이다. 돈으로는 절대 행복을 살 수 없다. 물론 먹고사는 문제가 해결되기 전에는 더 많은 돈이 더 많은 행복을 주는 것이 사실이다. 하지만 기본적인 의식주가 해결되면 더 이상 돈과 행복은 비례하지 않는다. 그렇기 때문에 이제라도 우리가 그동안 가지고 있던 돈에 대한 생각을 바꿔야 한다. 더 이상 돈이 행복으로 가는 열쇠가 될 수 없다.

이제는 '경제적 자유인'이 아닌 '소박한 자유인'이 되도록 노력해야 한다. '소박한 자유인'에서 말하는 '자유인'은 자유롭게 산다는 의미가 아니라 '자기(자) 삶의 존재 이유(유)를 찾은 사람(인)'의 줄임말이다. '자기 삶의 존재 이유'라고 하면 뭔가 심오하고 거창해 보이지만 사실 단순한 내용이다. 쉽게 말해 자신의 삶에서 재미를 찾으라는 말이다. 일상 속에 녹아든 소소한 재미가 진정한 행복이기 때문이다. 이를 위해서는 어떻게 하면 내 인생을 좀 더 재미있고, 의미 있게 만들 수 있는지에 대한 고민이 필요하다.

모두가 '한량'과 같은 삶을 통해 자기 삶의 존재 이유를 찾는 것은 아니다. 그럼에도 불구하고 우리는 안락한 길만이 모두가 원하는 삶인 것처럼 생각해왔던 것이 사실이다. 이제는 자기 삶의 존재 이유에 대한 자신만의 답을 찾아갈 필요가 있다. 가족, 일, 여행, 취미 등을 통해 각자의 해답을 발견해 나가야 한다.

'소박한 자유인'의 '소박한'은 '경제적'과 대비되는 단어로, '경제적'이 물질적인 풍요를 의미했다면 '소박한'은 꾸밈이나 거짓이 없고 수수한 삶의 모습, 즉 풍족하진 않아도 자기만의 질서가 잡힌 삶을 의미한다. '자유인'이 자신 안에서 행복에 이르는 답을 찾는 것이라면 '소박한'은 자본주의 사회를 살아가는 우리가 돈을 어떻게 소비하고 활용할 것인가에 대한 이야기이다. 그래서 '소박한'은 '합리적'이라는 말과도 잘 어울린다. 남에게 과시하기 위한 화려한 소비가 아닌 나만의 만족을 위한 실용성에 초점을 맞춘 소비, 큰 부자가 되기 위해 더 많은 부채를 활용한 다소 위험한 재테크가 아닌 합리적인 수준의 수익률을 목표로 한 자산운용, 이러한 것들이 '소박한'과 잘 어울리는 것이다.

물질적 풍요를 상징하는 '경제적 자유인'이 삶의 목표였을 때는 돈이 인생에서 제일 중요해질 수밖에 없다. 자유롭게 살기 위해선 먼저 경제적인 풍요를 이루어야 하기 때문이다. 그러니 돈이 먼저고 자신의 인생은 나중으로 밀리게 된다. 하지만 '소박한 자유인'이 삶의 목표가 되었을 때는 돈보다는 자신의 삶이 더 중요해진다. '소박한'은 자본주의 사회를 살고 있는 우리들이 자신의 인생을 살 수 있도록 도와주는 삶의 방식이기 때문이다. 결국 우리의 인생 그 자체가 제일 중요해질 수밖에 없다.

'소박한 자유인'은 이 시대를 살아남기 위한 생존방식이다

요즘 한국의 젊은 세대는 스스로를 가리켜 "N포세대"라 부른다. 시작은 연애, 결혼, 출산을 포기한 "삼포세대"였다. 하지만 시간이 지날수록 포기해야만 하는 것들이 늘어나 이제는 모든 것을 포기했다는 의미의 "N포세대"가 우리나라 젊은이들을 대표하는 단어가 되었다. 요즘 젊은이들은 그 어떤 세대보다 젊은 시절을 열심히, 아니 치열하게 살고 있다. 하지만 그들 앞에 놓인 현실은 좀처럼 나아질 기미가 보이지 않는다.

그럼에도 절대 좌절해서는 안 된다. 어떠한 상황이 닥치더라도 헤쳐나갈 길은 있기 마련이다. 주변 상황이 변했다면 변화된 상황에 맞는 삶의 방식을 선택해야 한다. 지금까지는 돈이 인생의 중심에 자리 잡고 있었다면 이제는 자기 삶의 존재 이유가 중심에 설 때이다. 그래서 '경제적 자유인'이 아닌 '소박한 자유인'으로의 인식의 전환은 선택이 아닌 필수가 되었다. 이를 위해 가장 중요한 것이 바로 지금까지 우리가 가지고 있던 돈에 대한 생각을 바꾸는 일이다.

Want(욕구), Waste(낭비), Wealth(부), 그리고 Work(은퇴). 이 네 단어들은 '소박한 자유인'으로 살아가기 위한 중요한 키워드이다. 물론 각각의 단어들이 의미하는 바는 과거와는 전혀 다르다. 앞으로 이 네 가지 키워드를 통해 더 이상 현실에 좌절하지 않고 자신만의 밝은 미래를 설계할 수 있기를 바란다.

4장 학습편 WEALTH(부)
투자의 패러다임을 바꿔라

은행원이 들려주는 돈 관리 노하우

5장 변화편 WORK(은퇴)
노후의 행복, 정답은 일에 있다

돈은 분명 행복을 위해 필요한 도구이다. 하지만 돈이면 다 된다는 한국 사회에서
조차도 돈으로 살 수 없는 것이 있다. 그건 바로 행복이다.

1

'소박한 자유인'의 삶의 방식, 4W

1. '경제적 자유인'이 되기를 포기하다

1. '경제적 자유인'이 되기를 포기하다

행복에는 두 갈래의 길이 있다.
욕심을 줄이거나 재산을 많이 가지면 된다.
- 벤저민 프랭클린

행복이란 무엇일까? 솔직히 '행복'이라는 말 자체가 너무 추상적이다 보니 이를 한마디로 정의를 내린다는 것은 웬만큼 유명한 철학자라고 하더라도 쉽지 않을 것이다. 뿐만 아니라 어렵게 행복에 대한 정의를 내렸더라도 결국 사람들이 이야기하는 행복은 제각각 다를 수밖에 없다. 행복은 그만큼 주관적이기 때문이다.

그럼 행복에 대한 정의에서 질문을 좀 바꿔보자. 여러분은 언제 행복하다고 느끼는가? 이제는 대답이 좀 수월할까? 사실 이조차도 쉽게 대답이 나오지는 않을 것이다. 내가 언제 행복한지 안다면 진짜 행복한 사람이기 때문이다. 어떻게 하면 내가 행복한지 안다는 것은 앞으로 계속해서 행복을 유지할 수 있다는 뜻이다. 문제는 사람들 대부분이 바쁜 일상에 파묻혀 자신에 대해 진지하게 고민할 시간조차 갖기 힘들다는 데 있다. 그런데 요즘만큼 모두가 행복해지기를 원하는 시기도 없었던 것 같은데, 뭘 해야 행복한지 고민조차 하지 않는다니 이상

하지 않은가?

많은 사람들이 행복을 인생 제일의 목표로 삼고 있지만, 정작 자신이 생각하는 행복이 무엇인지에 대해 제대로 알고 있는 사람은 별로 없다. 그저 남들이 행복에 대해 그렇다고 믿는 것이 행복의 전부라 생각하고 있을 뿐이니 좀 아이러니한 일이 아닐 수 없다.

지금까지 우리는 행복을 우리의 외부에서 찾으려 했다

십인십색(十人十色)이라는 말이 있다. 열 사람이 있다면 열 명 모두 각자의 개성이 있다는 뜻으로, 사람의 모습이나 생각이 저마다 다르다는 말이다. 같은 날, 같은 부모 아래에서 태어나 함께 자란 쌍둥이일지라도 서로 다른 모습, 서로 다른 생각을 갖는 것이 사실인데, 유독 행복만큼은 다들 비슷하게 생각하는 듯하다.

사람들은 행복이라고 하면 두둑한 은행 잔고, 커다란 집, 고급 승용차, 원하면 언제 어디로든 떠날 수 있는 여유, 특별한 곳에서의 식사, 부모 말 잘 듣고 공부 잘하는 아이 등을 생각한다. 각자 처한 환경에 따라 조금씩 다를 수 있겠지만, 여기에는 한 가지 공통점이 숨어 있다. 바로 '남들이 부러워할 만한'이라는 전제가 깔려 있다는 점이다.

집을 소유하더라도 서울 외곽의 허름한 빌라보다는 강남 한복판에 남들이 다 알 만한 브랜드의 아파트를 가지고 있다면, 국내 소형 중고차보다는 고급 외제차를 가지고 있다면, 한 끼를 먹더라도 남들이 경험해보지 못한 고급 음식점에서 식사를 한다면 더 많이 행복할 것이라는 믿음이 전반적으로 깔려 있다. 그런데 남들이 부러워할 만한 무엇인가를 하기 위해서는 자연히 더 많은 돈이 필요하다. 그러다 보니 우리는 자연스럽게 다음과 같은 결론에 도달하게 되었다. "행복해지기 위해서는 더 많은 돈이 필요하다."

서두에서 이야기한 것처럼 사람들은 궁극적으로는 행복해지기를 원하면서도 행복이 뭔지, 어떤 느낌인지조차 잘 모른다. 그저 대부분의 사람들이 그렇다고 믿고 있는 것이 행복이라 생각할 뿐이다. 행복을 자신의 내부가 아닌 외부에서 찾다 보니, 다른 사람들이 부러워할 만한 것을 내가 가지고 있다면, 혹은 해본다면 나는 행복할 것이라고 생각한다. 그런데 남들이 부러워할 만한 것을 해보거나 가지기 위해서는 결국 돈이 필요할 수밖에 없다. 돈이 별로 들지 않는 일은 남들도 쉽게 따라 할 수 있기 때문이다.

퇴근 후 가족들과 함께 저녁을 먹으며 이야기를 나누고, 주말이면 아이들과 신나게 놀아주고, 자신의 취향에 맞는 음악을 듣거나 책을 읽는 것은 비교적 쉽게 얻을 수 있는 일상의 소소한 행복들이다. 하지만 이런 행복은 그 가치가 낮다고 여긴다. 왜냐하면 남들이 특별히 부러워하지 않기 때문이다. 우리는 어느덧 이런 일상의 행복을 포기하면서까지 돈을 많이 벌어 남들이 부러워할 만한 뭔가를 가져야만 진정한 행복이라고 생각하게 되었다. 결국 돈이 많다면 행복해질 것이라는 믿음이 우리 마음속 깊이 뿌리내리게 된 것이다.

그러나 부자가 되면 행복해질 수 있다는 우리의 믿음에는 중대한 오류가 숨어 있다. 바로 행복의 주체인 나에 대한 고민이 없다는 점이다. 남과의 비교를 통해 얻게 되는 행복은 절대 자신의 행복이 될 수 없다. 비교를 위해서는 기준이 되는 타인이 반드시 존재해야 한다. 그리고 그 기준이 되는 타인의 존재는 자기 자신보다도 중요해질 수밖에 없다. 비교를 통해 행복을 얻어야 하는 탓에 항상 타인의 존재에 관심을 가져야 하기 때문이다. 그러니 자연스럽게 자신에 대한 관심이 줄어들수밖에 없다.

나에 대한 고민이 빠진 채 외부에서 행복을 찾으려고 하니 다른 사람들의 생각과 시선이 중요해질 수밖에 없다. 돈은 분명 행복을 위해 필요한 도구이다. 하지만 돈이면 다 된다는 한국 사회에서조차도 돈으로 살 수 없는 것이 있다. 그건 바로 행복이다. 행복은 마음의 상태이지 재산의 축적 정도를 의미하는 것이 아니기 때문이다.

사실 기본적인 생활수준만 유지할 수 있다면 돈과 행복은 절대 비례하지 않는다. 이를 잘 나타내 주는 것이 경제가 성장해도 국민은 불행해질 수 있다는 "행복경제학의 역설"이란 말이다. 1974년 미국의 경제학자 리처드 이스털린은 '이스털린 패러독스'를 발표하면서 경제성장과 행복이 반드시 비례하지 않는다고 주장했다. 기본적인 의식주가 해결되기 전까지는 경제성장이 행복과 연결될 수 있으나, 최저생활수준만 벗어난다면 국내총생산이 증가해도 개인의 행복은 비례하여 증가하지 않는다고 한다. 물론 한국도 예외일 수 없다. "한강의 기적"으로 불릴 정도로 한국은 전 세계적으로 유례를 찾아볼 수 없을 정도로 빠른 경제성장을 이룩했다. 하지만 국민들의 삶의 만족도는 지속적으로 떨어지고 있다. 세계 10대 경제대국이 되었음에도 국민들이 느끼는 행복지수 역시 오히려 떨어지고 있다. 자살률은 어느덧 OECD(경제협력개발기구) 국가 중 최고 수준을 자랑하고 있으며 우울증에 시달리는 사람들은 점점 더 늘어나고 있다. 참고로 2014년 한국보건사회연구원 남상호 연구위원의 〈국민복지 수준의 국제 비교〉 논문에 따르면, 한국의 국민행복지수는 OECD 34개 회원국 가운데 33위를 기록하여 최하위권으로 나타났다.

● 더 이상 원하는 만큼 돈을 벌 수 없다

필자도 한때 10년 안에 10억 원을 모아 다니던 회사를 그만두고 '경제적 자유인'이 되는 것이 목표였다. 자신이 하고 싶은 대로 할 수 있는 '경제적 자유인'이 되는 것은 생각만 해도 짜릿했기 때문이다. 지금까지 우리의 삶이 그래왔듯이 '경제적 자유인'이 되기 위해 희생하는 오늘은 어찌 보면 너무나 당연하다고 여겼다. 마침 처음 회사에 들어간 2006년은 주식과 부동산이 본격적으로 호황기에 들어섰을 때라 조금만 노력하면 금방 부자가 될 수 있을 것 같았다. 주식과 부동산 어디에 투자하든 돈을 벌던 시기였다. 그 당시 금리가 5~6%였으므로 살고 있는 주택을 제외하고 10억 원, 아니 5억 원만 있어도 최소 매달 200만 원씩은 충분히 이자로 받을 수 있었다. 그러니 조금만 운이 따르면 금방이라도 '경제적 자유인'이 될 수 있다고 생각했다.

그때만 하더라도 모두들 행복해지기 위해서 더 큰 부자가 되어야 한다고 믿었다. 부자가 되어 돈이 돈을 버는 시스템을 구축한다면 남들보다 빨리 은퇴할 수 있고, 그때부터 자유롭게 살 수 있을 것이라 믿었다. 경제적 자유는 행복을 위한 필수조건처럼 여겨졌다. 없는 사람이 부자가 되기 위해선 투자는 필수였다. 그리고 투자를 위한 첫걸음인 종잣돈을 얼마나 빨리 모으느냐가 상당히 중요했다. 투자로 돈을 번 사람들은 항상 최대한 빨리 종잣돈을 마련하여 최대한 많은 부채를 끌어들여 투자에 나서라고 했다. 부채를 많이 사용할수록 수익률을 극대화할 수 있기 때문이다. 한번 제대로 구축한 돈 버는 시스템은 마르지 않는 샘물에 비유되기 일쑤였다. 그렇게 시스템이 구축되어 일해서 버는 돈보다 가진 돈에서 얻는 수입이 많아지면 과감히 은퇴해서 인생을 즐기라고 했다. 이게 바로 지난 수십 년 동안 우리를 지배했던 패러다임이었다. 그렇지만 이러한 방식이 아직도 유효할까?

금융위기를 기점으로 한국경제의 체질이 완전히 변했다. 저성장은 고착화되었고 청년 실업률은 높아만 가고 있다. 어렵게 일자리를 구해도 비정규직인 경우가 태반이다. 양질의 일자리가 줄어들면서 소득은 양극화되어 가고 있다. 높아만 가는 자녀 양육비와 주거비용으로 부부가 함께 돈을 벌어도 삶은 점점 팍팍해지고 있다. 그래서 사람들은 아이를 가지는 것을 점점 늦추거나 아예 하나만 낳아서 잘 기르려고 한다. 출산율은 점점 떨어지고 있으며, 노인 인구는 점점 늘어 전 세계에서 유례를 찾아 볼 수 없을 정도로 빠르게 초고령화 사회로 진입하고 있다. 퇴직하는 시기는 빨라졌지만 자의에 의한 퇴직이라기보다 타의에 의해 어쩔 수 없이 회사에서 밀려나는 사람들이 늘고 있다. 이들 중 대부분은 자영업을 선택하여 생계를 유지하려고 하는데, 통계적으로 봤을 때 대부분은 3년 안에 망하는 것이 우리의 현실이다.

미래는 점점 불안해지고 있다. 열심히 산다고 상황이 변할지는 미지수다. 오히려 열심히 살아도 상황이 점점 나빠지는 것이 현실이다. 복권에 당첨되거나, 부모님으로부터 거액을 상속받지 않는 이상 재산을 늘릴 만한 마땅한 수단도 없다. 부동산, 주식, 예금 어느 하나 믿을 만

한 것이 없다.

금융위기를 거치면서 '경제적 자유인'이 되겠다는 필자의 꿈도 산산이 부서졌다. 아무리 노력해도 10억 원을 모으는 것이 결코 쉬운 일이 아님을 뼈저리게 느꼈다. 얼른 돈을 모아 회사를 그만두고 배우자와 함께 세계 일주하는 것이 꿈이었지만, 그 꿈은 저 멀리 날아가 버린 지 오래다. 다니던 회사를 그만두고 세계 일주를 다녀온 후 빈곤층으로 전락하는 것은 시간문제인 듯 보였기 때문이다. 이제는 회사를 빨리 그만두는 것보다 최대한 오래 다니는 것이 남는 장사라는 생각이 지배적이다. 그러면서 필자의 관심사는 "얼마나 빨리 10억을 모아 '경제적 자유인'으로 살아갈 수 있는가"에서 자연스럽게 "급변하는 환경 속에서 어떻게 하면 행복하게 살 수 있을까"가 되었다. 그리고 이러한 변화의 기저에는 더 이상 자신이 원하는 만큼 돈을 벌 수 없다는 안타까운 현실이 자리 잡고 있었다.

● 폴 새뮤얼슨의 '행복방정식'

이런 고민을 바탕으로 2009년부터 여러 가지 주제를 가지고 글을 쓰게 되었다. 마침 재무설계에 관심이 있던 터라 2008년에 증권FP(금융자산관리사), AFPK(재무설계사)에 이어 CFP(국제공인재무설계사)라는 자격증을 취득했는데, 그때 배운 내용을 활용해보고 싶다는 생각이 들었다. 그렇게 쓴 글들이 하나둘 늘어나, 2010년부터 '텐인텐(10년 10억 만들기)'이라는 다음 카페에 '은행원, 재무설계에 미치다'라는 필명으로 본격적으로 글을 올리기 시작했다. 27편 정도 글을 올리기는 했지만 실제로 쓴 글들은 배가 넘었다. 그러한 글들을 주제별로 분류하는 과정에서 나의 생각에 몇 가지 테마가 있다는 사실을 알았다. 바로 '행복', '합리적인 소비', '자산운용', '은퇴' 그리고 '인생설계' 등이다.

어떻게 하면 이것을 하나의 테마로 만들 수 있을까 고심하던 차에 우연히 폴 새뮤얼슨의 '행복방정식'을 알게 되었다. '행복방정식'은 행복은 본인이 가지고 있는 것(소유)을 자신의 욕구로 나눈 값이라는 다소 간단한 식이다.

●━ 행복방정식 ━●

$$행복 = \frac{소유}{욕구}$$

물론 행복은 주관적이기 때문에 이 공식이 100% 들어맞지는 않는다. 하지만 돈이 많으면 행복해질 수 있다고 믿는 요즘, 행복에 대해 이만큼 구체적이고 확실한 정의도 드물다고 생각한다. 사람의 욕구 역시 너무나 주관적이기에 수치화할 수 없지만, '행복방정식' 분모의 욕구를 돈에 대한 욕구, 즉 "나는 얼마나 많은 돈을 원하는가" 정도로 의미를 한정 지어 생각해 본다면 좀 더 이해가 빠를 것 같다. 필자는 이식을 보자마자 나의 생각과 아주 잘 어울린다고 느꼈다. 행복과 자신이 모은 돈이 비례하지도 않을뿐더러 이제는 원하는 만큼 부를 늘리는 것이 쉽지 않은 상황에서 행복해지려면 우리가 자신의 욕구에 관심을 가져야 한다는, 기존과는 전혀 다른 해법을 행복방정식이 제공해주었기 때문이다.

이 식에 따르면 내가 얼마를 가지고 있든지 간에 본인 스스로 원하는 돈의 크기를 그보다 작게 추구한다면 누구나 행복해질 수 있다. 예를 들어 1억 원의 재산을 보유한 A와 B가 있다고 가정해 보자. A는 가수 김장훈 씨처럼 돈은 혼자 가지고 있을 때보다 사람들과 나눌 때 더욱 가치가 있는 것이라고 믿는 사람이라서 본인에게는 1천만 원 정도만 있어도 충분하다고 생각한다. '행복방정식'에 따르면 A의 행복의 크기는 1억 원을 1천만 원으로 나눈 값인 10으로 볼 수 있다. 반면에 B는 욕심이 많아 자신은 100억 원은 있어야 된다고 믿는다. 이때 B의 행복의 크기는 1억 원을 100억 원으로 나눈 값인 0.01이 된다. 이처럼 동일한 크기의 재산을 소유하고 있더라도 본인의 욕구의 크기가 어떠냐에 따라 전혀 다른 결과가 나타난다. 중요한 것은 우리가 행복해지기 위해서 얼마를 가지고 있느냐(소유)가 아니라 얼마나 원하는가(욕구)이다. 욕구를 얼마나 잘 조절할 수 있느냐에 따라 우리의 인생이 행복해질 수도 불행해질 수도 있다.

A와 B의 차이는 바로 '만족'에 있다. 본인이 가진 것에 만족하는 A는 행복한 데 반해, 더 큰 부를 꿈꾸는 B는 자신의 상황에 만족할 수 없다. 물론 B의 경우 자신이 처한 상황에 대한 불만족이 더 나은 삶을 위한 원동력으로 작용할 수 있다. 하지만 본인이 원하는 부의 크기를 목표로 하는 삶에서는 결코 만족을 느낄 수 없다.

그렇다면 A처럼 본인이 가진 것에 만족하기 위해서는 어떻게 해야 할까? 자신의 인생에 대한 만족 없이는 절대 본인이 가진 것에 만족할 수 없다. 그러니 자신의 욕구, 즉 인생에서 원하는 것이 무엇인지에 대한 고민이 가장 중요하다. 폴 새뮤얼슨의 '행복방정식'의 욕구가 단순히 얼마큼의 돈을 원하는가를 넘어, 자기 인생 전반에 대한 욕구로 발전 · 계승될 필요가 있는 것도 바로 이 때문이다.

'행복방정식'을 통해 뽑아낸 네 가지 키워드, 4W

필자는 '행복방정식'에서 행복해지기 위해 필요한 네 가지 키워드를 뽑아냈다. 그중 첫 번째는 '행복방정식'의 분모인 욕구(Want)이다. '행복방정식'은 분자와 분모로 이루어진 단순한 식이다. 그러나 우리는 '행복=소유'라는 잘못된 믿음으로 그동안 분모에 대해서 너무 무관심했던 것이 사실이다. 우리의 행복에 대한 비정상적인 관점을 이제라도 정상적인 관점으로 돌려야 한다. 욕구는 나에 대한 관점이다. 나에 대한 이야기를 빼고 행복을 논한다는 것은 어딘가 맞지 않다. 지금까지 남의 눈을 의식하며 살았다면(소유를 추구하는 삶), 이제는 우리 자신의 인생을 살아야 할 때이다(자신의 욕구를 추구하는 삶).

사실 나의 욕구, 즉 내가 원하는 것이란 재무적인 그리고 비재무적인 관점에서 동시에 살펴보아야 할 문제다. 어느 한쪽으로 치우쳐서 생각한 욕구는 팥 없는 찐빵과 다름없다. 뭔가 허전할 수밖에 없다. 여태껏 재무적인 관점에서 인생을 생각했다면 이제는 재무적, 비재무적 관점을 모두 고려해야 한다.

먼저 재무적인 측면을 살펴보면, 분자의 소유 부분을 늘리는 것이 쉽지 않은 상황에서 행복감을 높이기 위해서는 돈에 대한 나의 욕구를 줄이면 된다. 가장 쉬운 방법은 내가 원하는 생활수준을 다소 낮추는 것이다. 매월 1천만 원의 생활비를 목표로 하는 사람과 100만 원의 생활비를 목표로 하는 사람은 필요로 하는 금액 자체가 다르다. 하지만 단순히 생활수준을 낮추라고 하면 너무나 비현실적이다. 우리는 끊임 없이 남과 나를 비교할 수밖에 없기 때문이다. 먼저 이렇게 외부로 쏠리는 관심을 내부로 돌리려면 나 자신에 대해 생각할 시간을 보다 많이 가져야 한다. 그러기 위해 필요한 것이 바로 인생에 대해 고민하고, 과연 나는 어떻게 살아야 할지 끊임없이 생각하는 것이다. 이를 통해 자신만의 인생을 설계해야 한다. 나의 취미는 무엇이고, 나는 무엇을 할 때 행복한지 관심을 갖고 찾기 위해 노력해야 한다. 지금 당장 실천할 수 없다 하더라도 장기적인 관점에서 준비해 나가야 한다. 이것이 바로 비재무적인 관점에서 나의 욕구(Want)에 관심을 가지는 방법이다. 재무적인 관점에서 욕구 수준을 조절하기 위한 방법으로 비재무적인 관점에서 나의 욕구에 더욱 관심을 가지는 것, 이것이 바로 행복을 외부가 아닌 내부에서 찾으려고 하는 노력의 시작이다.

사실 '행복방정식'은 재무적인 관점에서의 행복을 이야기한다. 하지만 욕구는 결코 돈만 있으면 해결될 수 있는 단순한 문제가 아니다. 직장이나 주변 사람들로부터 인정받는 것, 가족들과의 관계, 본인의 가치관 등등 행복에 영향을 주는 주관적인 요소들이 너무나도 많다. 먹고사는 문제에서 벗어나면 사람들은 자연스럽게 주변으로 눈을 돌리기 마련이다. 자신에 대한 다양한 욕구가 발현되기 시작하면 더 이상 돈으로 행복을 살 수 없는 시기가 도래하는 것이다.

나머지 3가지 키워드는 분자인 소유에서 파생되었다. 행복을 위해서는 돈이 전부는 아니라고 하지만 어느 정도 인간적인 삶을 유지하기 위해서 반드시 돈이 필요하다. 그렇기 때문에 소유에 대한 관심도 무시할 수 없다. 다만 행복을 위해서 많은 돈이 필요하다고 생각했던 과거에 비해, 행복과의 연관성이 다소 떨어질 뿐이다. 예전에는 단지 소유의 크기에 대해서만 관심을 가졌다면, 이제는 본인이 소유한 것을 어떻게 하면 합리적으로 사용할 수 있을지에 대해 관심을 기울여야 한다.

소유를 늘려야 원하는 것을 다 가질 수 있는데 더 이상 그럴 수 없다면 도대체 어떻게 소비를 해야 할까? 예전처럼 주식이나 부동산으로 큰돈을 벌던 시대는 지나갔다고 하는데 변화된 시대에 맞는 새로운 투자 방식은 무엇일까? 일하는 시기는 점점 짧아지고 있는데 벌어놓은 돈은 없고, 일한 기간보다 일하지 않고 살아야 하는 기간이 점점 더 길어지고 있는 상황에서 대체 어떻게 해야 할까? 이러한 질문에 답하면서 필자는 낭비(Waste), 부(Wealth), 그리고 은퇴(Work)라는 키워드를 찾게 되었다. 중요한 것은 원하는 만큼 소유를 늘릴 수는 없을지라도 주어진 범위 내에서 최대한 활용해야 한다는 점이다. 이를 위해서는 과거의 패러다임으로부터 생각의 전환을 이끌어내야 한다.

	과거의 패러다임	앞으로의 패러다임
Want(욕구)	큰 부자가 되기를 꿈꿔라	욕구를 조절하라
Waste(낭비)	마음껏 소비하라 지출보다 수입을 늘리면 된다	낭비를 줄이고 합리적으로 소비하라
Wealth(부)	수익률을 극대화하라	합리적인 수익률을 추구하라
Work(은퇴)	최대한 빨리 은퇴하라	최대한 오래 일하라

'행복방정식'은 우리의 관심을 외부가 아닌 내부로 돌리는 것이다

　이제는 행복의 기준을 외부가 아닌 자신 안에서 찾아야 한다. 남과 비교해서는 더 이상 행복해질 수 없다. 자신만의 행복의 기준을 세우고 그에 맞춰 살아가야 한다. 그래서 나온 것이 '행복방정식'이고, 이를 실천하기 위해 필요한 것이 바로 '4W(Want : 욕구를 조절하라, Waste : 낭비를 줄이고 합리적으로 소비하라, Wealth : 합리적인 수익률을 추구하라, Work : 최대한 오래 일하라)'이다. 4W를 이용한 생활방식은 자신이 통제할 수 없는 외부 상황을 변화시키기보다 자기 스스로의 변화를 통해 삶에 변화를 주고 자신만의 행복을 찾아가는 것이다.

　행복의 기준을 외부에 두었을 때는 얼마나 많이 버는가가 중요했다. 왜냐하면 다른 사람들의 시선을 지나치게 신경 썼기 때문이다. 거기엔 자신에 대한 고민은 없었다. 하지만 행복의 기준을 내부로 돌렸을 때 가장 중요한 것은 바로 자기 자신이 된다. 자신에 대한 관심을 가지고 내면의 소리에 귀 기울여야 한다. 내가 원하는 것이 무엇이고, 언제 행복을 느끼는지 보다 많은 관심이 필요하다.

　과거에는 큰 부자가 되어 마음껏 소비할수록 행복할 것이라 믿었다. 본업이 아니더라도 주식이나 부동산과 같은 재테크를 통해서 추가적인 수입을 얼마든지 만들어낼 수도 있었다. 하지만 이제 주식이나 부동산으로 돈을 벌 수 있는 시대는 가고 없다. 추가적인 수입을 기대할 수 없다면 남은 방법은 지출을 효과적으로 통제하는 것뿐이다. 낭비요인을 줄이고 보다 합리적인 소비를 해야 한다. 이를 위해서는 자신의 욕구를 적정한 수준에서 조절할 필요가 있다. 욕구의 조절을 정신적인 측면으로 본다면, 낭비를 없애는 지출의 조절은 물질적인 측면이다. 둘은 항상 같은 방향을 지향해야 한다. 그렇지 않으면 생각과 행동이 차이로 자칫 혼란이 야기될 수 있다.

생각과 행동을 일치시켰다면 이제는 자신이 가진 자산을 보다 합리적인 수익률로 불려나갈 필요가 있다. 예전만큼 크게 불리기는 힘들어졌어도 정기예금 플러스 알파정도의 수익률을 꾸준히 올리기 위해 노력한다면 불가능할 것도 없다. 다만 수익률을 올리기 위해서는 학습이 필요하다. 금융공학이 발전하면서 시장에는 다양한 상품들이 꾸준히 출시되고 있다. 단순히 주식과 부동산에 투자했던 예전과 달리 요즘에는 다양한 간접투자 상품과 구조화 상품들이 존재한다. 이런 상품들의 특징은 위험을 줄이며 수익을 높이고 있다는 점이다. 점점 구조가 복잡해지고 다양해지는 금융 상품들 중에서 본인에게 맞는 상품을 제대로 선별해내기 위해서는 상품에 대한 이해는 필수다. 따라서 금융상품에 대한 꾸준한 관심과 학습이 필요하다.

마지막으로 은퇴에 대한 생각도 바뀌어야 한다. 과거에는 최대한 빨리 돈을 모아 은퇴한 후 인생을 즐겨야 진정한 성공이라 생각했다. 일이라는 것이 본인의 의사와 상관없이 먹고살기 위해 어쩔 수 없이 해야만 했던 수단으로 인식되었던 탓이다. 그러다 보니 일을 통해 자아를 실현한다기보다 얼른 부자가 되어 일에서 벗어나야 한다는 생각이 강했다. 하지만 의학의 발달로 은퇴 후 살 수 있는 기간이 점점 늘어나면서 남은 시간 동안 무엇을 하면서 보내야 할지에 대한 관심이 고조되고 있다. 물론 일하는 기간에 충분한 은퇴자금을 모을 수 없다는 현실적인 문제점 역시 고려된 것이 사실이다. 두 가지 문제를 해결할 수

있는 방법은 바로 본인의 적성에 맞는 일을 찾아 최대한 오래하는 것
이다.

금융의 멘토, 은행에서 찾자

'멘토'라는 말은 호메로스의 서사시 〈오디세이아〉에 나오는 오디세우스의 친구 멘토르의 이름에서 유래되었다. 오디세우스는 트로이 전쟁을 위해 고향을 떠나면서 자신의 아들 텔레마코스를 친구 멘토르에게 맡긴다. 이후 멘토르는 오디세우스가 없는 10여 년 동안 텔레마코스의 좋은 조언자로서 그가 훌륭한 성인으로 성장할 수 있도록 도와준다. 이후 '멘토'는 아직 경험이 없는 사람들이 성장해 나갈 수 있도록 옆에서 조언을 해주는 사람을 일컫는 말이 되었다.

우리는 초등학교에 입학하면서부터 대학을 졸업할 때까지 제대로 된 금융교육을 받아본 적이 없다. 금융에 대해 제대로 배워본 적이 없다 보니 돈 관리가 제대로 될 리 만무하다. 월급은 받지만 그 돈이 다 어디로 갔는지 모르는 사람이 태반이다. 주변에 흘러넘치는 금융 정보를 제대로 활용하는 사람은 극히 드물다. 상황이 이렇다 보니 금전적 어려움을 호소하는 사람들이 의외로 많다. 이럴 때 오디세우스의 친구 멘토르처럼 누군가 옆에서 상황에 맞는 조언을 해준다면 좋지 않을까? 우리에겐 금융의 멘토가 필요하다.

누구나 인생에서 좋은 멘토를 갖기 원하지만 쉬운 일이 아니다. 우선 자신이 원하는 분야에 전문 지식을 가지고 있는 사람을 만나는 것도 쉽지 않을뿐더러 막상 적합한 사람을 만난다 하더라도 지속적으로 조언을 구하기가 어렵다. 그러나 한 가지 확실한 것은 돈과 관련된 것만큼은 은행에 가면 언제든 조언을 구할 수 있다는 점이다. 은행은 사람들이 일상생활을 통해 마주하게 되는 돈과 관련된 거의 모든 부분에 연관성이 깊다. 돈과 관련된 여러 형태의 문제들을 다루다 보니 문제해결을 위한 다양한 상품과 서비스가 존재한다.

사람들이 돈을 사용하는 형태를 분류해 보면 모으는 돈, 쓰는 돈, 그리고 빌리는 돈 이렇게 세 가지로 구분할 수 있다. 각 형태별로 은행과 연관된 상품과 서비스들을 살펴보면 다음과 같다.

모으는 돈	예금, 적금, 펀드, 보험, 신탁, 연금 등
쓰는 돈	신용카드, 체크카드, 세금 및 공과금 납부 등
빌리는 돈	학자금 대출, 자동차 구입자금 대출, 전세자금 대출, 주택구입자금 대출 등

이 밖에도 외국환업무(환전, 해외송금, 해외부동산취득, 해외직접투자 등)는 물론 기업을 운영하는 데 필요한 조언을 얻을 수 있는 곳이 바로 은행이다.

은행에는 돈과 관련된 문제를 해결하기 위한 전문지식은 물론 노하우도 있다. 각양각색의 사람들이 저마다의 사연을 가지고 은행을 찾는다. 은행원들은 매일 이런 사람들과 상담을 진행하고 최상의 솔루션을 제공하다 보니 자연스럽게 그들 나름대로의 노하우가 쌓이게 마련이다. 게다가 은행 차원에서도 자산관리 분야의 전문성을 확보하기 위해서 직원들이 AFPK나 CFP 등 관련 자격증을 취득할 수 있도록 지원을 아끼지 않는다. 최근에는 은퇴에 대한 관심이 고조되면서 은퇴상담에 필요한 연수나 교육이 확대되고 있으며, 관련 자격증 취득을 위한 지원을 지속적으로 하고 있다.

은행에 가서 자신이 가진 돈과 관련된 문제를 상담하는 데 미안해하거나 부담스러워할 필요는 전혀 없다. 물론 상담했다고 해서 꼭 상품을 가입해야 할 필요도 없다. 은행은 영리를 추구하는 사기업인 동시에 공익성도 띠고 있기 때문이다. 그러한 측면에서 필자가 몸담고 있는 은행도 "금융의 힘으로 세상을 이롭게 한다"는 미션을 바탕으로 따뜻한 금융을 실천하기 위해 전행적인 차원에서 노력 중이다. 은행의 이익보다는 고객의 입장에서 도움이 될 수 있는 길을 모색하는 기업문화를 정착시키기 위해 노력하고 있으며, 고객과 은행이 서로 상생할 수 있는 환경을 만들기 위해 최선을 다하고 있다. 그러므로 돈에 대해 조언을 얻고자 한다면 가장 먼저 찾아야 할 곳은 바로 은행이다.

행복의 주체는 '나'이지만, 내가 없는 '타인'의 관점에서 행복을 추구했던 모순적인
상황을 이제는 끝낼 필요가 있다.

WANT(욕구) :

인생설계로
'자유인'이 되자

2

1. 20세기의 '행복방정식' vs 21세기의 '행복방정식'

지금 가지고 있는 것만으로 충분히 행복해질 수 있다.
– 에릭 호퍼

지금까지 사람들 대부분은 행복해지기 위해서는 부자가 되어야 한다고 생각했다. 부자가 되면 원하는 것을 가질 수 있고, 원하는 것을 할 수 있다고 생각했다. 부자는 곧 자유를 의미했다. 자유로운 삶, 이 얼마나 짜릿한가? 그래서 사람들은 '행복방정식'의 윗부분, 즉 소유를 늘림으로써 행복해질 수 있다고 믿었다. 즉 20세기의 '행복방정식'은 '행복 = 소유'였다.

행복의 크기는 곧 소유의 크기와 비례한다는 믿음은 시대적 배경과도 밀접한 관계가 있다. 한국전쟁 직후 한국은 다른 나라의 도움을 받는 처지였지만, 이제는 도와주는 나라로 변신했다. 100년도 안 되는 짧은 시기에 한국 경제는 눈부신 성장을 구가하며, 물질적 풍요를 누리게 되었다. 하지만 정신적인 측면에서는 경제성장 속도를 도저히 따라갈 수 없었다. 압축성장을 위해서는 오직 성장만을 바라보고 달려도 부족했기 때문에 다른 곳으로 정신을 분산시킬 여력이 없었다. 그러는 사이 우리는 먹고살기 힘들었던 시기를 경험한 부모님들의 생각이 진리인 양 고민 없이 받아들이게 되었다.

사실 '행복 = 소유'라는 생각은 20세기를 살아오신 우리 부모님들의 믿음이었다. 20세기의 주역이셨던 부모님들에게 자아실현이라는 말은 사치였다. 먹고사는 문제가 해결되지 않았기에 더욱 그럴 수밖에 없었다. 주 6일 근무로 일요일이면 그동안 부족했던 잠을 채우기 급급했던 아버지, 아버지를 대신해 온갖 집안일을 도맡아 하셨던 어머니, 부모님들은 쉬지 않고 계속 일할 수밖에 없었다. 먹고사는 일만 해도 바쁘고 정신이 없는데 과연 자아실현의 욕구에 대해 생각할 겨를이 있었을까? 당연히 그 당시 부모님들은 자신들이 어렵게 일궈낸 부를 보면서 보람을 느끼고, 더 나아가 행복을 느꼈을 것이다. 하지만 부모님들의 노력으로 경제적 풍요를 경험하면서 자라온 세대인 우리에게 이러한 믿음이 그대로 통할 수 있을까?

지금 우리의 모습과 한번 비교해보면 쉽게 알 수 있다. 1년에 한 번은 해외여행을 가야 하고, 집은 없어도 자동차는 있어야 하고, 밥은 굶어도 커피는 마셔야 하고, 아름다운 몸매를 위해 아낌없이 투자하는 오늘을 사는 우리의 모습과 과거 세대의 모습은 전혀 다르다. 먹고사는 문제에서 벗어난 덕분에 더욱더 다양한 것에 관심을 가지고 살 수 있고, 자연스럽게 자기 자신에 대해 더 많은 관심을 둘 수 있었다. 그렇기 때문에 부모님들이 생각하셨던 '행복 = 소유'라는 믿음에서 벗어나 '행복 = 소유/욕구'라는 새로운 생각이 필요하게 되었다. 여기에서 한 발 더 나아가 소유보다 욕구에 무게 중심이 쏠렸다.

가끔 등산을 하다 보면 산을 오를 때와 내려올 때의 경치가 서로 다르게 느껴졌던 경험이 한 번쯤 있을 것이다. 분명 같은 길을 걸어갔지만 서로 다른 경치가 눈에 들어오는 이유는 무엇일까? 보통 산에 올라갈 때는 정상까지 가야 한다는 일념 하나로 열심히 올라간다. 정상까지 가야한다는 목표가 너무 강한 나머지 주변 풍경에 눈을 돌릴 여유가 없다. 하지만 소기의 목적을 달성하고 내려갈 때는 보다 편해진 마음에 자연스럽게 주변 경치에 눈이 돌아가게 되는 것이다. 마찬가지로 20세기의 대한민국은 성장이라는 목표 하나에 너무 집착한 나머지 주변의 다른 소소한 행복을 무시할 수밖에 없었다. 그러다 먹고사는 문제가 해결된 지금에야 비로소 서서히 우리의 시선을 주변으로 돌릴 수 있게 되었다. 자연스럽게 돈 이외의 다양한 행복의 요소에 관심을 가지게 된 것이다. 성장에 올인 하던 시기에는 돈이 가장 중요한 행복의 요소였다면, 이제는 자신의 수많은 욕구 하나하나가 행복을 위한 소중한 요소가 되었다.

이제는 행복을 위해 돈을 번다는 생각을 버릴 필요가 있다. 물론 21세기에도 행복해지기 위해서는 어느 정도 돈이 꼭 필요하다. 그것은 누구도 부정할 수 없는 사실이다. 하지만 앞에서 언급한 '이스털린 패러독스'의 내용처럼 어느 정도 먹고사는 문제가 해결된 상태에서는 더 이상 돈이 증가한 만큼 행복이 증가하지 않는다. 오히려 돈과 행복 간에는 어떠한 연관성을 찾을 수 없을지도 모른다. 아니 어쩌면 더 많은 돈을 벌수록 삶에서 느끼는 행복감은 더 줄어들지도 모른다. 세계 10대 경제대국으로 성장한 오늘날의 한국에서는 더 이상 기본적인 의식주를 해결하는 것이 최대 관심사가 될 수 없다. 과거에는 행복을 양적 성장의 관점에서 보았다면 이제는 질적 성장에 관심을 두어야 할 때다. 행복해지기 위해서는 돈보다 다른 것에 더 집중해야 한다. 그리고 그 대상은 바로 자기 자신이 되어야 한다. 욕구의 주체는 바로 '나'이기 때문이다. 진정 자신이 원하는 것이 무엇인지를 스스로 고민하고 그것을 찾기 위해 노력해야 한다. 그래서 21세기의 '행복방정식'에서 주인공은 바로 내가 되어야 한다.

나의 욕구, 즉 내가 원하는 삶이란 생각해보면 그리 어려운 것이 아니다. 우리가 그동안 바쁘다는 핑계로 관심을 가지지 않아서 다소 어려워 보일 뿐이다. 행복을 느끼는 주체는 바로 '나'라는 사실을 잊어서는 안 된다. 나에 대해 관심을 가지지 않으면서 행복을 추구한다는 것은 앞뒤가 맞지 않는다. 벨기에 극작가 모리스 마테를링크가 쓴《파랑새》의 주인공 틸틸과 미틸은 행복을 위해 파랑새를 찾아 나섰지만 빈손으로 돌아온 후 파랑새가 자신의 집에 있었다는 사실을 발견한다. 이처럼 행복은 멀리 있는 것이 아니다. 바로 우리 앞에 있다. 행복하기 위한 열쇠는 바로 자기 자신이라는 점을 잊어서는 안 된다. 이것이 바로 우리가 우리의 욕구에 관심을 가져야 하는 이유다.

2. 우리는 왜 우리의 욕구에 관심을 가져야 하는가

부는 숭배되어야 할 신이 아니라 도구에 불과하다.
– 캘빈 쿨리지

원하는 만큼 돈을 모으는 것은 결코 쉽지 않다

세계적인 투자은행인 메릴린치가 매년 발표하는 〈세계부자보고서 (World Wealth Report)〉에 따르면 주거용 부동산을 제외한 순자산의 가치가 미화 100만 달러 이상인 개인을 가리켜 부자라고 한다. 그렇다면 한국에는 얼마나 많은 '부자'들이 존재하고 있을까? 편의상 금융자산 10억 원을 기준으로 한번 알아보자.

KB금융지주 경영연구소의 자료를 보면 2012년 말 기준으로 금융자산이 10억 원 이상인 부자는 16만 3천 명으로 집계되었다. 2013년 기준으로 우리나라의 인구수가 4천 9백만 명 정도 된다고 하니 전체 인구의 0.33%정도가 부자에 해당한다고 볼 수 있다. 물론 보유하고 있는 부동산을 포함한다면 이보다 훨씬 많은 수의 사람들이 부자의 대열에 올라설 수 있겠지만, 그 비율은 그리 높지 않을 것이다.

평범한 월급쟁이가 한 달에 100만 원씩 꾸준히 모은다고 하더라도 (연 수익률 5% 가정) 10억 원을 모으기 위해서는 40년이 넘는 시간이 필요하다. 40년의 시간이 길다고 해서 저축액을 늘리기도 쉽지 않을 것이다. 오히려 매월 100만 원씩 저축하는 것 자체가 힘든 사람들이 대부분일 것이다. 그렇다면 수익률을 높이는 것은 어떨까? 지금 같은 저금리 상황에서는 연 5%의 수익률도 정말 감지덕지한 수준이다. 어쩌면 앞으로 매년 5%의 수익률을 올린다는 것이 영영 불가능해질지도 모른다. 그렇다고 우리가 노력을 안 하는 것도 아니다. 혼자 버는 것도 부족해서 맞벌이도 마다하지 않는다. 기회만 된다면 투잡을 할 용의도 있다. 하지만 밑 빠진 독에 물 붓기처럼 열심히 해도 남는 게 없다고 다들 허탈해한다.

그럼 뭐가 문제일까? 아무리 열심히 노력해도 소유를 늘릴 수 없다면 이건 개인의 문제가 아니라 사회구조적인 측면에서 살펴볼 필요가 있다. 우리 사회는 지금 중대한 변곡점에 서 있다. 기존의 고성장, 고금리 시대에서 저성장, 저금리 시대로의 전환이 바로 그것이다. 그리고 이러한 변화의 중심에는 고령화 사회라는 지금까지 우리가 경험해 보지 못한 새로운 사회 현상이 자리하고 있다. 저성장, 저금리, 그리고 고령화 사회로의 전환은 더 이상 고도성장을 구가하며 어디에 투자해도 돈을 벌던 시대는 지나가고 없다는 것을 의미한다. 단순히 투자만의 문제가 아니다. 저성장에 따른 가장 큰 문제는 바로 비정규직의 증가와 상시적인 구조조정으로 인해 양질의 일자리가 줄어들고 있다는 것이다. 게다가 소득마저 정체되어 있다 보니 저축을 하고 싶지만 쓸 돈도 부족한 것이 현실이다. 결국 원하는 만큼 소유를 늘릴 수 없는 것은 바로 개인 차원의 문제가 아니라 바로 우리 사회가 이제는 더 이상 소유를 늘릴 수 없는 구조로 바뀐 탓이다.

소유를 늘리지 못해도 자신의 욕구를 조절함으로써 행복해질 수 있다

'행복방정식'에서 행복은 소유를 욕구로 나눈 값이다. 분자인 소유를 더 이상 늘리기 힘들다면 분모인 욕구를 조절함으로써 충분히 행복해질 수 있다. 행복을 위해 더 많은 돈이 필요하다고 생각하던 시절에는 부자는 단지 돈이 많은 사람을 의미했다. 부자일수록 더 많이 행복하다고 믿었던 것도 사실이다. 그렇지만 행복에 대한 새로운 패러다임이 등장한 지금, 이러한 생각이 통할 리 없다. 자연스럽게 부자에 대한 생각도 바뀌어야 한다.

사전적 의미로 '부자'는 '재물이 많아 살림이 넉넉한 사람'이라는 뜻이다. 그런데 과연 '살림이 넉넉한 정도'란 어느 수준일까? 좀 애매한 부분이 있다. 그래서 부자에 대한 다른 여러 정의를 찾아봤다. 그러던 중 우연히 박경철 원장의 《시골의사의 부자경제학》이라는 책에서 원하던 답을 찾을 수 있었다. 박경철 원장은 "부자란 바로 부를 늘리는 데 관심이 없는 사람이다"라고 말한다. 이런 관점에서 사전적 의미의 '부자'를 해석해본다면 '부자'란 자신이 쓸 만큼의 돈을 가지고 있기 때문에 더 이상 부를 늘리기 위해 노력하지 않는 사람으로, '살림이 넉넉한 정도'란 자신의 생활수준에 맞춰 소비하는 데 지장이 없을 정도의 재산 수준을 의미한다고 볼 수 있다.

어떤 사람은 한 달에 최소 1천만 원은 있어야 생활이 가능하다고 이야기한다. 하지만 또 다른 사람은 100만 원으로도 충분히 살 수 있다고 한다. 이 둘의 차이는 무엇일까? 바로 욕구, 즉 원하는 것의 크기가 다르다는 점이다. 원하는 것의 크기가 다르기 때문에 필요한 자산의 규모도 달라질 수밖에 없다. 한 달에 1천만 원을 필요로 하는 사람은 100만 원을 필요로 하는 사람보다 10배, 아니 그 이상의 많은 돈을 필요로 한다. 결국 자신이 원하는 만큼의 돈을 벌려면 더 많은 시간과 에너지를 투입할 수밖에 없다.

부의 크기가 10배, 혹은 100배나 차이가 난다고 해서 달라지는 것은 별로 없다. 아침에 일어나 밤에 잠자리에 들기까지 인간이라면 하는 행동들은 동일하다. 부자만 특별히 더 하는 것은 없다. 부자라고 해서 하루에 밥을 세 끼가 아닌 네 끼나 다섯 끼를 먹을 수 있는 것도 아니다. 다만 그 수준이 달라질 뿐이다. 한 번을 소비하더라도 좀 더 화려한 것을 선택할 수 있다는 점이 차이다. 하지만 반드시 소비수준의 차이만큼 행복의 크기가 달라지는 것은 아니다. 7천 원짜리 된장찌개 한 그릇이 주는 행복과 수십만 원을 호가하는 호텔 레스토랑의 식사가 주는 행복의 크기는 절대 그 가격에 비례하지 않는다.

사실 가진 것이 많다는 것은 행복해지기 위한 하나의 수단에 불과하다. 하지만 요즘 시대를 살아가는 사람들 대부분은 행복해지기 위해서는 반드시 가진 것이 많아야 된다고 생각하고 있다. 그렇지만 원하는 만큼 갖기 위해 들이는 노력 때문에 우리가 희생해야 하는 것들이 많아지고 있다는 사실을 잊어서는 안 된다.

이제는 부자에 대한 개념도 변해야 한다. 남보다 가진 것이 더 많다고 부자가 아니라 본인이 쓸 만큼 가지고 있고, 이에 만족하는 사람이 부자로 인식되어야 한다. 남과의 비교가 아닌, 스스로의 만족을 통해 누구나 부자가 될 수 있다. 그리고 그 출발점은 바로 자신의 욕구를 조절하는 것에서부터 시작되어야 한다.

행복을 위해서는 돈 이외의 다양한 요소가 필요하다

우리의 혀는 크게 짠맛, 신맛, 단맛, 쓴맛 그리고 매운맛 이렇게 다섯 가지의 맛을 느낄 수 있다. 이 다섯 가지의 맛이 어떻게 조화를 이루느냐에 따라 우리는 음식의 다양한 맛을 즐길 수 있다. 하지만 한 가지 맛에 중독된 나머지 그 맛만 찾는다면 어떻게 될까? 혈압이 높아지거나, 당뇨가 생기거나, 위에 문제가 생기는 등 몸에 이상이 올 수밖에 없다.

행복도 마찬가지다. 행복을 위해서는 인생의 다양한 맛이 필요하다. 돈으로 얻을 수 있는 행복, 가족이나 친구들처럼 사람과의 관계로부터 얻을 수 있는 행복, 일에서 얻을 수 있는 행복, 자신의 취미를 통해 얻을 수 있는 행복, 사소한 일상으로부터 얻을 수 있는 행복, 그리고 이 모든 것의 기본이 되는 건강 등등 다양한 인생의 맛이 섞일 때 비로소 진정한 행복을 느낄 수 있다. 하지만 사람들은 풍요라는 인생의 달콤한 맛만이 행복이라고 생각하는 경향이 짙다. 풍요라는 달콤한 맛을 충분히 느낄 수 있을 때까지 오직 그 맛 하나만을 위해 끊임없이 달려가곤 한다. 그러는 사이 달콤한 맛 이외의 다른 맛은 서서히 기억 속에서 잊혀간다. 누구나 한 번쯤은 어릴 적에 '행운'이라는 꽃말을 가진 네 잎 클로버를 찾기 위해 헤맨 경험이 있을 것이다. 하지만 네 잎 클로버를 찾기 위해 우리가 밟고 지나갔던 수많은 세 잎 클로버의 꽃말이 바로 '행복'이라는 점을 잊어서는 안 된다.

● 우리는 우리의 욕구에 대해서 잘 모른다

현대 사회를 가리켜 소비사회라고 한다. 소비사회란 삶을 영위하는 데 필요한 것 이상으로 소비가 이루어지는 사회를 말한다. 과거에는 필요한 것을 보충하는 의미의 소비를 하였다면, 이제는 이미지를 소비하게 됨에 따라 소비를 통해 남에게 과시하고자 하는 욕구가 강해졌다. 그러다 보니 필요 이상으로 더 많은 돈이 들어간다. 남에게 보여주기 위해 필요하지도 않은 제품을 소비하거나, 동일한 효용을 주는 제품을 쓰더라도 좀 더 고급스러운 분위기를 연출하는 제품을 사용하는 탓이다.

이렇게 필요 이상의 것을 원하게 된 배경에는 아이러니하게도 우리가 진정으로 원하는 게 없다는 점이 있다. 다시 말해 나의 욕구에 대해 잘 알지 못한 결과, 필요로 하는 것 이상을 원하게 된 것이다. 프랑스의 정신분석학자 자크 라캉은 "모든 욕망은 타자의 욕망이다"라고 말했다. 사실 우리가 원하는 삶이란 알고 보면 우리의 생각에 의해 만들어졌다기보다 다른 사람이 원하는 삶인 경우가 많다. 이러한 경향은 매스미디어, 특히 광고를 통해 더욱 확대 재생산되고 있다.

광고는 소비자의 욕구를 계속 자극하여 물건을 구매하도록 유도하는 도구로써 소비자가 느끼지 못했던 욕구마저도 찾아내어 소비자를 자극한다. 텔레비전 광고 한 편을 방송하기 위해 기업들이 천문학적 금액을 쏟아 붓는 이유도 결국 물건을 더 많이 팔기 위한 가장 효과적인 방법이 광고이기 때문이다. 사람들이 생각하는 은퇴의 이미지도 곰곰이 생각해보면 보험회사에서 우리에게 상품을 팔기 위해 각인시켜 놓은 이미지를 그대로 받아들인 것일지도 모른다.

비단 광고만의 문제는 아니다. 텔레비전에 나오는 드라마와 쇼·오락 프로그램 속의 모습들은 현실의 우리 모습과는 다소 거리가 있다. 텔레비전에서는 시청률을 좀 더 끌어올리기 위해 보다 자극적이고 더욱 화려한 모습을 지속적으로 보여줌으로써 사람들로 하여금 더 많은 것을 원하도록 만들고 있다. 세계에서 텔레비전 시청률이 제일 높은 미국이 세계 최고의 소비대국인 사실도 이와 무관하진 않을 것이다.

우리 내부의 욕구를 통해 행복해지자

소유를 늘려서 행복해지는 것은 이제 쉬운 일이 아니다. 우리가 원하는 만큼 소유를 늘리는 것이 쉽지 않을뿐더러 소유를 늘림으로써 행복을 느끼기엔 너무 많은 것을 가지고 있다. 어떤 사람들은 이에 동의하지 않겠지만 우리 부모님 세대와 비교해봤을 때 너무 많은 것을 가진 것은 부정할 수 없는 사실이다.

그동안 소유를 통해 행복을 느끼는 것에 익숙해진 우리는 우리 자신의 욕구에 대해 너무 무관심했다. 소유를 통해 얻었던 행복은 남과의 비교를 통해서 얻었던 행복이다. 이러한 행복의 중심에는 '나'는 없고 오직 나를 바라보는 '타인'에 대한 시선만이 남아 있을 뿐이다. 행복의 주체는 '나'이지만, 내가 없는 '타인'의 관점에서 행복을 추구했던 모순적인 상황을 이제는 끝낼 필요가 있다.

우리는 우리의 욕구, 즉 우리가 원하는 것에 관심을 가져야 한다. 더나아가 우리가 원하는 삶이란 무엇인지 고민이 필요하다. 남들이 원하니까 나도 따라 하는 것이 아니라 자신만의 독특한 인생을 설계할 필요가 있다. 세상에는 사람 수만큼이나 다양한 인생들이 존재한다. 하지만 그동안 우리는 너무나 획일적인 인생이 정답인 것처럼 받아들였다. 사실 인생에는 정답이 없다. 우리가 원하고 그로부터 행복을 느낀다면 그게 바로 정답이다. 이제부터라도 우리 자신에게 관심을 갖고 자신만의 멋진 삶을 설계해볼 필요가 있다.

3. 돈보다 인생에 대한 고민이 먼저다

남의 취향에 맞는 아내가 아니라, 자신의 취향에 맞는 아내를 구하라.
- 장 자크 루소

톨스토이의 단편소설 《사람에게는 얼마만큼의 땅이 필요한가》를 보면 주인공인 바흠은 해가 떠 있는 동안 걸어서 처음 자리로 돌아오면 얼마든지 땅을 가질 수 있다는 말에 지나치게 욕심을 부린다. 걸음은 점점 빨라졌고, 조금만 조금만 더 하다가 너무 멀리까지 가고 만다. 정신을 차렸을 땐 이미 해가 지기 시작해서 다시 출발선을 향해 달리지만, 너무 무리한 나머지 출발선에 돌아온 그는 심장마비로 쓰러져 죽는다. 결국 더 많은 땅을 가지기 위해 필사의 노력을 기울인 바흠에게 남은 것은 고작 자신이 누울 수 있는 크기의 땅이 전부였다.

땅을 차지하기 위해 걸었던 바흠의 하루는 정도의 차이는 있겠지만 결코 우리의 삶과 다르지 않다. 더 많은 돈이 더 행복한 삶을 만들어 줄 것이라는 잘못된 믿음으로 오늘을 희생하는 우리 자신의 모습이 아닐까? 바흠이 죽던 그날 하루 동안 그에게는 땅에 대한 집착 이외에는 어떤 것도 생각할 겨를이 없었다. 오직 이 하루만 잘 버틴다면 희망찬 내일이 있다는 믿음뿐이었다. 그렇기 때문에 힘겨운 하루를 버틸 수 있었다. 내일을 위해 오늘의 희생쯤은 견뎌낼 수 있다고 생각했던 것이다. 그러나 이런 집착이 결국 그를 죽음에 이르게 하고 말았다.

돈을 목표로 하는 삶

우리 주변에는 열심히 자신의 목표를 위해 달려가는 사람들이 많이 있다. 이 책을 읽는 여러분도 크게 다르지 않을 것이다. 하지만 막상 그들에게 인생의 목표를 세세히 물어보면 결국 돈 이야기로 귀결되기 일쑤다. 매년 새해 소망을 묻는 질문에 부자가 되고 싶다는 대답이 상위권에 단골로 랭크되어 있는 것도 이와 무관하지 않다.

그러나 지금까지 누차 강조했듯이 돈은 목표를 달성하게 해주는 '수단'이지 '목표' 그 자체가 되어서는 절대 안 된다. 심리학 용어 중에 "쾌락의 쳇바퀴"라는 말이 있다. 사람은 좋든 나쁘든 주어진 상황을 받아들이는 적응력이 높기 때문에 원하는 것을 소유함으로써 얻어지는 쾌락(=행복감)도 일정한 시간이 지나면 그 강도가 줄어들 수밖에 없다. 그 결과 이전과 같은 쾌락을 느끼기 위해 전보다 더 많은 돈을 필요로 하게 된다. 특히 소비수준은 한번 높아지기 시작하면 그 수준을 낮출 수 없다. 소득이 늘면 소비수준도 올라가게 되고, 당장은 행복감을 느낄지 몰라도 그 행복감은 영원히 지속되지 못한다. 정확히 표현한다면 행복감이 사라지는 게 아니라 익숙해져 잊히는 것이다. 결국 "쾌락의 쳇바퀴"라는 말은 쾌락 속에 갇혀 허우적거리는 인간의 모습과 다름없다.

돈 자체를 인생의 목표로 삼으면 진정 행복한 인생을 살 수 없다. 내가 목표로 한 금액, 그 돈만을 바라보면서, 현재의 자신을 과도하게 희생하면서까지 맹목적으로 돈을 모으는 실수를 해서는 안 된다. 행복해지기 위해 돈을 쫓아가는 것이 가장 부질없는 일이다.

돈이 아닌 당신의 인생을 살아야 한다

행복한 내일을 위해 필요한 모든 것을 준비해두겠다는 생각을 버려라. 결코 달성할 수 없는 목표다. 돈은 필연적으로 더 많은 돈을 원하게 만든다. 즉, 만족할 줄 모르게 된다. 헨리 벤 다이크는 "세상에 돈으로 살 수 있는 행복이라 불리는 상품은 없다"고 이야기했다. 그러나 우리는 행복을 위해 돈이 꼭 필요한 것이 아님에도 돈이 많으면 많을수록 더 행복해질 수 있다고 굳게 믿는다. 세상에는 다양한 즐거움이 존재한다. 물론 통장에 쌓이는 잔고를 보면서 느끼는 즐거움도 분명 있다. 하지만 우리에게 주어진 시간은 유한하기 때문에 하나의 즐거움에 몰두하다 보면 다른 즐거움을 놓칠 수밖에 없다. 자신의 재산을 늘리는 데 너무 몰입한 나머지 인생의 다양한 즐거움을 즐길 기회를 놓치는 실수를 범해서는 안 된다.

20세기에는 통장의 잔고로 자신의 삶을 평가 받았다면, 21세기는 자신만의 인생 스토리가 중요한 시대다. 그리고 그 스토리의 소재는 바로 자신의 욕구다. 우리 주변에는 가진 것은 많지 않아도 행복하게 사는 사람들이 있다. 그 사람들의 공통점은 바로 자신이 원하는 삶을 살고 있다는 것이다. 남들에게 보여주기 위한 삶이 아닌 자기 자신의 삶. 사람들은 한편으로는 이들을 부러워하면서도 여러 가지 이유를 들며 본인은 그렇게 살 수 없다고 말한다. 현실에 안주하지도, 그렇다고 변화를 추구하지도 못하는 사람들 대부분은 한 가지 결론에 도달하게 된다. "내가 부자가 된다면 나도 저렇게 살 수 있을 텐데." 과연 원하는 만큼 부자가 되었다고 해서 그러한 삶을 살 수 있을까? 절대 그렇게 살 수 없다. 중요한 것은 본인이 진정으로 원하는 것이 무엇인지 아는 것이다.

4. 인생설계는 왜 필요한가?

조용히 자신을 들여다볼 시간을 갖지 않으면 목표가 빗나간다.
– 알버트 아인슈타인

보통 인생을 연극에 비유하곤 한다. 세상은 무대요, 내 이름 석 자를 건 연극의 주인공은 당연히 자기 자신이다. 연극과 인생의 다른 점은 연극에서는 각자 맡은 분야에서 최선을 다하면 되지만, 인생이라는 연극에서는 혼자서 배우, 감독, 그리고 작가까지 1인 3역을 소화해내야 한다는 점이다. 자기 인생의 배우는 바로 나 자신으로 이미 정해졌다. 이제 필요한 것은 스스로 작가가 되어 좋은 스토리를 만들고, 한편으론 감독이 되어 자신이 만들어낸 스토리를 현실과 적절히 조화를 시키면서 최대한 구현할 수 있도록 조율하는 것이다. 이런 일련의 과정이 바로 '인생설계'이다.

연극이 성공하기 위해서는 배우의 열정과 감독의 기획력, 그리고 작가의 시나리오, 이 삼박자가 잘 맞아떨어져야 한다. 그러나 안타깝게도 많은 사람들이 본인의 역할을 배우로 한정 짓는 듯하다. 자신의 인생을 어떠한 스토리를 채워나갈지에 대한 고민은 거의 하지 않는다.

인생 스토리에 대한 고민이 없다 보니 작가나 감독의 역할 또한 필요할 리 없다. 그저 지금 나에게 닥친 일에 최선을 다할 뿐이다. 하지만 100세 시대를 앞둔 요즘 같은 때 인생에 대한 계획이 없다는 것은 지도 없이 낯선 길을 걷는 것과 다름없다는 점을 잊어서는 안 된다.

인생설계, 왜 필요할까?

첫째, 인생설계를 통해 인생의 균형을 잡아줄 수 있다. 인생설계는 자신이 원하는 삶이 무엇인지에 대한 고민에서부터 시작된다. 그래서 인생설계를 하기로 마음먹었다면 그 자체로도 큰 의미가 있다. 그동안 우리가 관심을 기울이지 못했던 우리의 욕구에 대해 고민하도록 만들어주기 때문이다. 하지만 지금 당장 하고 싶다고 그 일을 바로 시작할 수 있는 것은 아니다. 모든 일에는 때가 있는 법이다. 그때를 기다리며 준비할 줄도 알아야 한다. 게다가 욕구를 충실히 따른다고 자신이 좋아하는 일만 할 수도 없다. 자신이 원하는 것을 하기 위해 포기하거나 희생해야 하는 부분도 분명 존재한다. 각자 자신이 처한 상황에 따라 욕구를 실현하는 데 여러 가지 장애요소들이 발생하기 때문이다. 더군다나 우리의 욕구는 한 가지만 존재하지 않는다. 다양한 욕구가 자신 안에 내재되어 있기 때문에 상황에 맞게 우선순위를 정할 필요가 있다. 일련의 일들을 큰 틀에서 조정하기 위해서는 인생 전반에 대한 밑그림이 필요한데, 그것이 바로 인생설계다. 인생설계를 통해 우리 인생의 균형을 잡을 수 있는 것이다.

둘째, 우리가 가진 자원은 한정되어 있고, 한정된 자원을 효율적으로 쓰기 위해서는 계획이 필요하다. 혹시 주변에서 이미 자기가 가지고 있는 것에 만족하는 사람을 본 적 있는가? 사람들 대부분은 시간과 돈이 항상 부족하다고 느낄 것이다. 그래서 다들 부족한 돈을 채우기 위해 부자가 되려고 노력한다. 부자가 되면 시간에 구애받지 않고 자기가 하고 싶은 일을 다 하고 살 수 있다고 생각하는 탓이다. 다들 하고 싶은 것, 먹고 싶은 것을 참아가며 열심히 돈을 모은다. 그런데 여기서 중요한 것은 평생 돈을 모아도 평생 부족하다고 느낀다는 점이다. 부족하다는 것은 상대적이기 때문에 결코 충족되지 않는다. 그렇다고 모든 욕구를 억누르며 때를 기다릴 수도 없는 노릇이다. 때를 기다리고 기다리다 보면 어느덧 늙어 정말 아무것도 할 수 없게 되는 순간이 찾아오기 마련이다.

인생설계를 하면 보다 장기적인 관점에서 자신의 인생을 그려볼 수 있다. 인생설계에는 결혼, 자녀 양육 및 교육, 주택마련 그리고 은퇴에 이르기까지 인간이라면 누구나 경험하게 되는 일반적인 이벤트들 이외에도 자신의 인생을 어떤 방향으로 이끌어갈지에 대한 고민이 들어 있다. 일단 자신의 인생계획이 수립된다면 필요한 자금의 규모에 대한 대략적인 수준을 구하는 것은 그리 어렵지 않다. 하지만 각 시기별로 필요한 자금을 모두 충족시킨다는 것은 여간 어려운 일이 아니다. 이럴 때 자신이 가진 자금의 규모와 향후 벌 수 있는 자금의 규모를 고려하여 각 시기별로 필요한 자금을 효율적으로 분배할 수 있다면, 인생에 대한 전반적인 만족도가 올라갈 수 있다. 사실 인생에 변화가 생길 때 돈이 움직이는 것이지, 돈에 따라 우리의 인생이 움직이는 것은 아니다. 지금까지 우리는 돈에 대해서는 관심을 가지고 생각했지만, 우리의 인생에 대해서는 고민하지 않았기 때문에 예상치 못한 변화에 허둥지둥될 수밖에 없었던 것이다.

셋째, 인생설계는 자신의 돈에 대한 욕구를 조절하기 위한 가장 좋은 수단이다. 인생설계를 통해 미래의 모습을 구체적으로 그린다는 것은 자신의 목표가 명확해졌음을 의미한다. 명확한 목표를 가지고 있는 사람은 오늘 이 순간을 허투루 살지 않는다. 돈을 낭비하는 일도 없다. 돈에 대한 욕구를 통제하는 것이 가능하기 때문이다. 왜 그럴까? 인생의 목표를 가진 사람은 자신만의 욕구를 명확히 이해한 덕분에 남과 비교를 덜하게 된다. 자신이 가야 할 길을 비교적 명확히 알기 때문에 흔들리지 않고 자신의 삶을 온전히 살 수 있는 것이다. 앞에서도 이야기했듯이 우리의 욕구가 점점 커지는 이유 중의 하나가 바로 남의 욕구를 나의 욕구인 양 착각하기 때문이다. 특히 요즘처럼 SNS를 통해 다른 사람들이 사는 모습을 쉽게 관찰할 수 있게 되면서 사람들은 경쟁적으로 자신의 삶에서 화려한 모습만을 강조하려는 경향이 강해졌다. 이러한 경쟁심리가 강해지면 욕구는 고삐 풀린 망아지처럼 주체할 수 없을 정도로 커지는데, '행복방정식'의 분모인 욕구가 커질수록 자신의 행복도는 떨어질 수밖에 없다는 점을 명심해야 한다.

마지막으로 인생설계는 퇴직 후 남는 시간을 제대로 보내기 위해 꼭 필요하다. 한국의 자영업자 비율은 OECD 국가 중 4위로 OECD 평균보다 2배나 높다. 한국 사람들이 자영업에 몰리는 이유는 바로 자신의 인생에 대한 계획이 준비되지 않았기 때문이다. 자의든 타의든 퇴직 후 먹고살기 위해서 할 수 있는 가장 손쉬운 방법이 자영업이다 보니 사람들이 여기에 몰리는 것이다. 그 결과 경쟁이 더욱 치열해질 수밖에 없고 영세한 자영업자의 수 역시 늘어날 수밖에 없다.

비단 먹고사는 문제만은 아니다. 아무런 계획 없이 내일부터 1년간 회사에 나오지 말라는 통보를 받았다고 가정해보자. 처음 한두 달은 여행도 하고 그동안 보지 못했던 친구들도 만나고 책도 보고 운동도 하면서 신나게 보낼 수 있을 것이다. 그렇지만 1년 내내 마냥 즐겁게 보낼 수 있을까?

퇴직 후 남는 시간을 제대로 보내기 위해서는 젊어서부터 계획하고 준비할 필요가 있다. 다양한 경험을 통해 자신이 하고 싶은 취미나 일을 찾아보고 차근차근 준비해 나가야 한다. 물론 부부가 함께 준비할 수 있다면 금상첨화다.

최근 은퇴한 남편들을 가리켜 삼식이(하루 세끼 밥을 차려줘야 하는 남편)니 파자마맨(하루 종일 거실에서 파자마만 입고 빈둥거리는 남편)이니 하는 말들이 유행하고 있다. 남편 입장에서야 가족을 먹여 살리기 위해 회사에 몸 바쳐 희생했는데 이제 와서 그런 대접을 받는다는 것이 못마땅할 것이다. 하지만 이런 사태의 원인은 청춘을 다 바쳐 일하는 동안 정작 자신의 인생에 대해서 너무나 무관심했던 본인에게 있다는 점을 잊어서는 안 된다. 회사 생활에서만 계획이 필요한 것이 아니다. 인생에도 계획이 필요하다.

5. 내가 원하는 삶

자신이 행복해하는 것을 따른다면 여러분은 항상 행복을 얻게 될 것이다. 돈이 있건 없건 간에. 그러나 돈을 따른다면 여러분은 돈을 잃을뿐더러 아무것도 얻지 못할 것이다.
- 조지프 캠벨

조그만 항구 도시에 사는 가난한 어부가 자신의 배에서 늘어지게 낮잠을 자고 있었다. 그때 그곳을 지나던 사업가가 어부를 깨워 말을 걸었다.

사업가 : 하루에 몇 번이나 출어하시오?

어부 : 단 한 번. 나머지는 이렇게 쉬지요.

사업가 : 왜 두 번 이상 하지 않소? 그럼 세 배로 많은 고기를 잡을 수 있을 게 아니오?

어부 : 그러면요?

사업가 : 그러면? 그러면 2년 뒤에 어선을 두 척 살 수 있고, 3~4년 뒤에는 두세 척의 어선으로 훨씬 더 많은 고기를 잡을 수 있죠. 그럼 작은 냉동창고에 훈제 생선 공장, 커다란 생선 처리공장까지 지을 수 있고, 잘만 하면 헬리콥터를 타고 날아다니며 물고기 떼의 위치를 미리 어선에 알려줄 수도

있소.

어부 : 그런 다음에는?

사업가 : 그런 다음에는 여기 항구에 편안하게 앉아 햇살 아래 달콤한 낮잠을 즐
         기는 거요. 저 멋진 바다를 감상하면서!

어부 : 내가 지금 그러고 있잖소!

(울리히 슈나벨, 《휴식 : 행복의 중심》, 걷는나무, 2011 참조)

사람들은 왜 경제적 자유를 꿈꿀까? 다들 이미 아는 것처럼 행복해
지기 위해서 경제적 자유를 꿈꾼다. 행복해지기 위해서는 자신이 하고
싶은 일을 하고, 갖고 싶은 것을 가질 수 있어야 한다고 생각하기 때문
이다. 직장 상사가 괴롭힐 때 쿨하게 직장에 사표를 내보고도 싶지, 일
하고 싶을 때 일하고 힘들면 훌훌 털어버리고 어디론가 멀리 떠나가고
도 싶지, 멋진 자동차에, 강남에 자신이 살 아파트 한 채 정도는 있어
야지, 사랑하는 가족과 함께 남부럽지 않게 산다면 그게 행복 아닐까
생각한다. 그러다 보니 경제적 자유만 얻을 수 있다면 금방이라도 행
복해질 수 있다고 믿는 것이다.

경제적 자유에 대한 동경이 우리의 욕구를 자극한다

경제적 자유를 꿈꾸는 것은 좋지만 문제는 우리는 우리가 원하는 삶
에 대한 이야기는 빠진 채 경제적 자유만을 생각한다는 점이다. 대부
분 경제적인 문제에만 온 관심을 기울여봤지, 그 이후의 삶의 목표에
대해서는 생각해보지 않았다. 그러다 보니 우리가 생각하는 경제적 자

유를 얻은 이후의 삶은 그저 경제적인 관점의 연장선이었을 뿐이다. 경제적 자유에 대한 욕망이 커질수록 그에 대한 보상이라도 받기 위해서는 우리의 욕구도 점점 더 크고 화려해질 수밖에 없었다.

사업가와 어부의 대화를 읽다 보면 이러한 현상에 대해 잘 알 수 있다. 사업가의 인생의 목표는 경제적으로 성공해서 더 이상 일할 필요가 없는 상태에 도달하는 것이다. 그런데 힘들게 고생해서 얻은 후에 그가 꿈꾸는 삶은 지금 어부의 삶에 불과하다. 그러나 사업가는 절대 자기의 꿈이 지금 어부의 모습이라고 생각하지 않는다. 어부의 현재 모습은 그리 화려하지 않기 때문이다. 똑같이 해변에서 여유를 부리며 낮잠을 자는 상황이더라도 사업가의 꿈속에는 분명 최고급 호텔에서 비싼 술을 마시며 명품으로 치장한 자신이 있어야 한다고 굳게 믿는 듯하다.

경제적 자유는 행복으로 이끌어주지 않는다

사실 경제적 자유를 얻었다고 해서 반드시 인생이 행복해지는 것은 아니다. 경제적 자유를 통해 우리가 충족할 수 있는 욕구는 생리적 욕구나 안전의 욕구와 같이 가장 기본적인 것들밖에 없다. 경제적 자유가 존경의 욕구나 자아실현의 욕구처럼 상위의 욕구를 충족시킬 수 있는 것은 아니다. 더 높은 욕구를 충족시키려면 내가 돈으로 살 수 없는 그 이상의 무언가가 필요하다. "그 이상의 무엇인가"는 바로 내가 원하는 삶에 대한 고민에서부터 시작된다. 그리고 그 고민은 자신에게 던진 질문에서 비롯된다.

올해 꼭 해보고자 한 일은? 10년 후에는 어떤 모습으로 살기를 원하는가? 지금 하는 일 이외에 내일을 위해 준비하는 것이 따로 있는가? 이런 일련의 질문에 구체적으로 대답할 수 있는 사람이 과연 몇이나 될까?

너무 먼 미래의 일이라 아직 생각해보지 못했다면 질문을 좀 더 일상적인 것으로 바꿔보자. 사람들은 흔히 경제적 자유를 얻는다면 가족들과 좀 더 많은 시간을 갖겠다고 말한다. 그렇다면 당장 지난 주말에 가족들과 얼마나 많은 시간을 보냈는지 생각해보자. 혹시 피곤하다는 이유로 잠만 잤다거나, TV 채널을 돌리면서 보내지 않았는가.

어쩌면 우리는 사업가와 어부의 이야기처럼 원하는 삶이 매우 가까이 있음에도 불구하고 전혀 다른 곳에서 우리가 원하는 삶, 아니 많은 사람들이 그래야 한다고 믿는 삶을 꿈꾸고 있는 것은 아닌지 생각해봐야 한다. 경제적 자유를 얻고 나서 인생을 찾고자 한다면 늦는다. 지금 이 순간 우리가 원하는 삶이 무엇인지 찾으려고 노력해야 한다. 모든 사람이 경제적 자유를 얻을 수는 없지만 자기 인생의 주인이 될 수는 있다. 자기 인생에 본인 이름 세 글자를 단 자신만의 스토리를 만들어 줘야 한다.

돈의 크기는 단지 소비수준만을 결정할 뿐이다

행복해지는 데 돈이 많고 적음이 중요한 것은 아니다. 우리가 돈을 내고 소비하는 세상의 모든 물건에는 다양한 가격이 존재한다. 누군가는 중고로 자동차를 싸게 살 수도 있을 것이다. 반면 수억 원을 호가하는 자동차를 사는 사람도 있다. 5천 원으로 한 끼 식사를 해결하는가 하면, 한 끼에 수십만 원을 지불할 수도 있다. 옷이나 신발, 가전제품, 가구, 심지어 집까지 그 가격은 천차만별이다. 우리가 필요로 하는 물건 중 일정한 자산규모를 넘어야만 살 수 있는 것은 어디에도 없다. 때문에 우리는 돈이 많으면 많은 대로, 없으면 없는 대로 자신의 수준에 맞춰 소비할 수 있다.

내가 돈을 내고 사는 물건의 상태나 가격에 집착하기보다 그것을 구입함으로써 얻을 수 있는 효용과 경험에 좀 더 가치를 둬야 한다. 그리고 행위에 초점을 맞춰야 한다. 가족과 함께 주말에 야유회를 가면서 꼭 비싼 자동차를 타고 좋은 호텔에서 묵으면서 최고급 식당에서 식사를 해야만 행복한 것은 아니다. 대중교통을 이용하고 저렴한 숙박시설에서 묵으면서 나름 특색 있는 값싼 식당에서 식사를 하는 것이 오히려 더 기억에 남을 수도 있다.

자녀를 꼭 비싼 학원에 보내야만 일류 대학에 입학시킬 수 있을까? 요즘은 자녀를 일류 대학에 입학시키려면 할아버지의 재력과 어머니의 정보력, 그리고 아버지의 무관심, 이 세 가지가 맞아떨어져야 한다고 한다. 하지만 개천에서 용 나는 경우도 분명히 있다. 비싼 학원에 보내는 것보다 부모가 자녀와 함께 주말마다 도서관에 다니고 자녀가 읽은 책에 대해 이야기해주는 것이 자녀의 미래에 더 도움이 되지 않을까?

경제적 자유를 달성하고 자기만의 시간을 많이 갖는다고 행복할까? 자기만의 시간에 대한 준비나 고민이 없다면 당장 내일 할 일이 없어서 무료하게 시간을 보내야 할지도 모른다. 할 일 없이 시간을 보내면

필히 딴생각을 하게 마련이다. 그런 생각은 술이나 도박과 같은 인간의 말초신경을 자극하는 감각적인 것인 경우가 많다.

• 돈보다 삶에 대한 계획이 더 중요하다

최인철 교수가 한 방송에 나와 이런 이야기를 했다. "충동구매는 있어도 충동 자원봉사는 없습니다. 의미 있는 일은 미리 준비하지 않으면 할 수 없습니다." 이 말을 듣고 우리는 과연 인생을 어떻게 보내고 있는 것인가 생각해보게 되었다. 아마 많은 사람들이 자신의 인생에 대한 어떠한 준비도 없이 그저 충동적으로 생각하면서 결정하고 있을 것이다.

경제적 자유를 달성하는 것보다 인생계획이 있는 것이 더 중요하다. 인생계획을 세우려면 먼저 인생과 일, 그리고 이러한 것들을 뒷받침할 수 있는 재무계획이 필요하다. 인생에는 가정이나 취미와 같이 생활이 담겨 있어야 한다. 일에는 지금 하고 있는 일에서 벗어나 열정을 쏟아 부을 수 있는 일을 찾거나, 아니면 하는 일을 좀 더 열정적으로 할 수 있도록 변화시키는 방법을 포함한다. 마지막으로 이러한 계획을 실천하기 위해서는 재무계획이 빠져서는 안 된다.

인생계획을 제대로 세우려면 자신의 현재 상황을 잘 알아야 한다. 아무리 좋은 지도를 가지고 있더라도 자신의 위치를 모른다면 지도는 그저 쓸모없는 종잇장이나 다름없다. 자신에 대해서 잘 알고, 인생을 설계하기 위해서 혼자만의 시간을 갖는 것도 좋은 방법이다.

인생의 목적이 경제적 자유, 그 자체에 있어서는 절대 안 된다. 경제적 자유는 내가 원하는 인생을 살기 위한 도구에 불과하기 때문이다. 경제적 자유를 달성하기 위한 방법에 몰두하기보다 인생과 일, 그리고 재무계획을 세우는 데 좀 더 몰두하는 것이 현명하다.

6. 당신은 어떤 질문을 가지고 살아가는가?

우리의 인생은 우리가 생각한 대로 만들어진다.
– 마르쿠스 아우렐리우스

필자는 개인적으로 좀비가 나오는 영화를 좋아하는 편이다. 그중에서도 〈워킹 데드〉라는 미국 드라마를 제일 좋아한다. 그런데 그 드라마를 보고 있자니, 언젠가부터 좀비와 우리의 삶이 뭐가 다른가 하는 생각이 들었다. 보통 사람들의 일상은 아마 다음과 같을 것이다. 아침에 일어나 회사에 가고 잦은 야근에 회식은 왜 이리 많은지, 그렇게 별 보고 출근해서 별 보고 퇴근하면 어느덧 주말이 된다. 주말에는 한 주간의 피로를 풀기 위해 늦잠을 자고, 피곤하다는 이유로 집에서 빈둥거리며 또 그렇게 어영부영 주말을 보낸다. 그러다 일요일 저녁이 되면 다음 날 출근해야 한다는 생각에 스트레스를 받기 시작한다. 그렇다고 회사 일이 우리가 생각하는 것만큼 스펙터클하거나 재미있지도 않다. 회사에서 하는 일은 일정한 주기로 반복되며 정형화된 것들이 대부분이다. 삶이 지루해 뭔가 새로운 것을 해보고 싶다는 생각은 가득하지만, 새로이 시작하는 것에 따른 부담감이 커서 이런저런 핑계를 대며 미룬다. 그러다 보면 해보고 싶다는 생각마저 어느 순간 사라지고 만다. 안타깝지만 이것이 많은 사람들의 일상이다.

혹자는 이런 말도 한다. 나이가 들수록 시간이 빨리 지나간다고. 그렇게 느끼는 이유는 바로 매일매일 일상이 반복되기 때문이다. 사람들은 연말이 되어 한 해를 되돌아봤을 때 특별히 기억나는 일이 없어 애꿎은 시간만 탓한다. "도대체 시간이 왜 이리 빨리 가는 거지?" 이렇게 사는 삶, 과연 좀비와 무슨 차이가 있을까? 한때 유행했던 개그콘서트의 갸루상의 말을 빌리면 "사는 게 사는 게 아니므니다"가 딱 맞는 표현이 아닐까 한다.

이렇게 좀비 같은 삶을 좀 더 활기 넘치게 만들기 위해서 필요한 것이 무엇일까? 바로 자신의 인생에 대한 질문이다. 인생은 결국 자기만의 질문을 풀어내기 위한 과정이기 때문이다. 어떤 질문을 가지고 사느냐에 따라 그 사람의 인생이 달라질 수밖에 없다.

질문은 인생설계의 첫 단추다

인생에 대한 자신만의 질문을 가지고 살면 좋은 점은 첫째, 자신만의 인생목표를 세울 수 있다. 인생에서 중요한 질문 두 가지는 바로 "나에게 행복이란 무엇인가?"와 "어떻게 나는 행복해질 수 있는가?"이다. 첫 번째 질문이 행복의 본질을 파악하는 데 도움이 된다면, 두 번째 질문은 구체적인 행동을 요구한다. 그리고 이러한 질문을 통해 대다수의 사람이 생각하는 인생목표가 아닌 자신만의 인생목표를 세울 수 있다.

사실 사람이 생각하는 인생목표는 대부분 다 비슷비슷하다. 100명의 사람들이 모였다면 저마다 생김새, 살아온 환경, 성격 등이 다를 텐데, 이렇게 모두가 비슷한 인생을 꿈꾼다는 것은 말도 안 된다. 그렇지만 이런 상황이 발생하게 된 이유를 따져보면, 우리가 삶을 주체적으로 살아본 적이 없었기 때문이다. 학창시절에는 좋은 대학에 가는 것이, 대학에서는 좋은 회사에 취직하는 것이, 사회에 나가면 적당한 때 결혼해서 가정을 이루고 회사에서 승진하는 것이 인생의 정답이라 생각하며 살아왔다. 한편으로는 이러한 삶에 회의를 느끼면서도 마치 숙명이라도 되는 것처럼 그냥 받아들이고 살아갔다. 가끔 자신과 다른 삶을 사는 사람들의 모습을 보며 동경하기도 하지만, 자기와는 근본적으로 다르다고 넘기기 일쑤였다. 그러다 보니 이러한 삶을 탈출할 수 있는 유일한 통로를 돈에서 찾을 수밖에 없었다. 부자가 된다면 이러한 삶에 대한 보상을 받고 새로운 인생을 시작할 수 있을 것만 같기 때문이다. 하지만 과연 부자가 된다고 해서 우리의 인생이 크게 달라질 수 있을까?

　이제는 끊임없이 자신에게 행복에 대한 질문을 해야 한다. 질문을 통해 모두가 그래야 한다고 생각하는 인생목표가 아닌 자신만의 독특한 인생목표를 만드는 것이 중요하다. 질문의 시간이 오래되고 치열할수록 본인만의 인생을 살 수 있는 확률은 점차 높아질 것이다. 이렇게 치열하게 자신의 인생에 대해 고민해야 하는 이유는 바로 인생목표가 살아가는 데 필요한 인생의 방향을 설정해주고, 어떤 인생의 방향을 설정하느냐에 따라 전혀 다른 삶이 펼쳐지기 때문이다. 단순히 통장에 찍힌 액수가 많아서가 아니라 자기가 하고 싶은 일을 하면서 살아가니까 행복하다는 점을 잊어서는 안 된다.

질문은 해결의 실마리를 제공한다

둘째, 질문은 우리 스스로 문제를 해결하도록 끊임없이 고민하게 만든다. 의식하든 의식하지 못하든 고민하기 시작한 이후에 접하는 모든 정보나 현상들은 자연스럽게 우리가 하고 있는 고민과 연결될 수밖에 없다. 그러다 보니 평소 같으면 그냥 지나쳤을 사소한 일도 우리의 질문과 연결되어 해결의 실마리를 제공하는 경우가 많다. 아르키메데스가 목욕탕에서 넘치는 물을 보고 유레카를 외쳤던 일, 뉴턴이 떨어지는 사과를 보고 만유인력의 법칙을 발견한 일 등은 모두 평소 자신에게 던진 질문에 대한 고민이 없었다면 절대 생각하지 못했던 것들이다.

인생을 바꾸고 싶다면 계속해서 자신에게 질문하고 답을 찾으려고 노력해야 한다. 사실 힌트는 우리 주변에 널려 있다. 직장동료와의 잡담이나 우연히 읽은 토막기사의 한 구절, 그리고 라디오나 방송에서 흘러나오는 이야기 속에 답이 있을지도 모른다. 다만 우리가 그동안 모르고 지나갔을 뿐이다. 주변에 흘러넘치는 정보에 집중하기 위해서는 바로 질문이 필요하다.

질문은 희망이다

마지막으로 질문을 통해 희망이라는 에너지를 얻을 수 있다. 희망은 오늘과 다른 내일을 살 수 있다는 기대로부터 나온다. 질문을 통해 인생계획을 세우고, 이를 이루기 위해 고민함으로써 우리는 점점 나아질 수 있다는 희망을 얻는다. 희망은 나 자신에게 힘을 주는, 나아가 세상을 움직이는 원동력이다. 오늘과 다른 내일이 온다는 믿음은 자신에게 무한한 에너지를 공급한다. 반면에 하루하루를 무기력하게 사는 사람들에게서는 내일의 희망은 찾아볼 수 없다.

희망이 몽상으로 끝나지 않기 위해서는 당연히 그에 따른 행동이 필요하다. 만선을 꿈꾸는 어부는 배를 타고 바다에 나가야 하고, 풍작을 기원하는 농부는 봄에 씨를 뿌려야 하듯이 희망을 잃지 않고 계속 유지하려면 행동이 뒷받침되어야 한다. 질문을 통해 얻은 대답은 희망을 이룰 수 있도록 하는 수많은 행동으로 이어질 것이다. 그런 행동들이 모여 희망은 더욱 확고해질 수 있고, 그 희망은 우리에게 무한한 에너지를 줄 수 있다.

지금까지 인생을 살아가면서 자신만의 질문이 왜 필요한지 살펴보았다. 질문은 우리로 하여금 고민하게 만들어 인생목표를 세울 수 있도록 하고, 문제해결의 실마리를 제공하며, 희망이라는 에너지를 통해 인생을 좀 더 행복하게 살아가도록 돕는다. 앞으로 더 많은 사람들이 인생에 대한 질문을 통해 자신만의 인생을 설계하고, 이를 달성해 나갈 수 있었으면 하는 바람이다. 이제라도 당장 자신만의 인생설계를 위한 질문을 던져보기 바란다.

7. 현재는 절대 포기하는 것이 아니다

우리는 목적지에 닿아야 비로소 행복해지는 것이 아니라
여행하는 과정에서 행복을 느낀다.
– 앤드류 매튜스

세상이 각박해지면서 사회는 지금 이 순간을 즐기기보다 더 나은 내일을 위해 현재를 희생하도록 강요하고 있는 것 같다. 학창시절에는 좋은 대학에 들어가기 위해 늦은 밤까지 입시준비에 매달려야 하고, 대학에 들어와서는 대학의 낭만을 즐기기보다 좋은 곳에 취업하기 위해 스펙 만들기에 여념이 없다. 어렵게 취업에 성공하면 이제부터는 가족의 안녕과 안락한 노후를 위한 또 다른 희생이 다가오고 있다. 이렇게 우리의 관심이 현재보다는 미래를 향해 있다 보니 일어나지도 않은 일에 에너지를 소비하면서 정작 집중해야 할 현재에는 그다지 신경을 쓰지 못하게 되었다.

김정운 교수가 쓴 《남자의 물건》에는 2~3년 뒤에 출소를 하는 사람들과 무기징역을 선고 받는 사람들 사이에는 결정적 차이가 있다고 한다. 그 차이는 바로 오늘 하루를 대하는 태도이다. 출소 날짜가 정해진 사람들에게 오늘 하루란 빨리 지나가야 하는, 어쩌면 참고 견뎌야만 하는 시간에 불과하다고 한다. 하지만 출소 날짜가 정해지지 않은 사람들의 경우에는 오늘 하루를 살아가기 위한 의미가 필요하다고 한다. 동일한 공간에서 동일한 시간을 보내고 있는 사람들에게 조차 어떤 마음가짐을 가지느냐에 따라 오늘 하루에 대한 의미가 달라질 수 있는 것이다.

인생의 단계별로 즐길 수 있는 것은 다르다

혹시 여러분이 인생설계를 할 때, 단기수들처럼 지금 이 순간을 '풍요로운 내일'이라는 목표를 위해 희생해야 하는 고통의 시간 정도로 생각하는 것은 아닌지 곰곰이 따져볼 필요가 있다. 미래에 만족스러운 내가 되는 것도 중요하지만, 우리에게 필요한 것은 현재를 즐길 수 있는 시간이다. 과연 우리가 지금 이 순간, 즉 현재를 즐기는 시간이 하루에 얼마나 될까?

사람은 나이를 먹어감에 따라 정해진 시기에만 할 수 있는 일들이 있다. "스포츠카의 비애"라는 말을 한 번쯤 들어봤을 것이다. 한창 스포츠카를 타고 싶은 젊은 나이에는 돈이 없어 살 엄두를 내지 못하다가, 나이가 들어서 스포츠카를 장만할 경제적 여유가 생기고 나면 그 열정이 식어 더 이상 스포츠카를 원하지 않는 상황을 가리킨다. 열정은 넘치지만 여러모로 부족해서 좌충우돌하는 20~30대와 세상의 모진 풍파를 경험하면서 인생의 원숙미를 더해가는 50~60대에 즐길 수 있는 일은 엄연히 다르다.

케이블TV를 통해 인기를 얻었던 〈꽃보다 할배〉라는 프로그램이 있다. 젊은이들의 전유물이라 일컫는 해외 배낭여행을 평균연령 76세의 할아버지들이 떠나게 되면서 겪는 다양한 에피소드를 그려냈다. 사람들은 이 프로그램을 보면서 아무리 나이를 먹어도 마음만 청춘이라면 못할 게 없다고 생각할지 모른다. 그러나 필자의 생각은 이와 다르다. 20대에 경험한 배낭여행과 70대에 경험한 배낭여행은 형식은 동일할지 모르지만, 여행을 통해 느끼는 바는 확연히 달라질 수밖에 없다. 한번은 할배들이 50일의 일정으로 유럽 배낭여행을 하고 있는 젊은 여성과 아침을 먹는 장면이 나왔다. 젊은 여성이 홀로 배낭여행을 한다는 사실에 놀라움을 넘어 존경스럽다고까지 표현하는 할배들의 모습에서 젊은 시절 자신에게는 이런 기회가 없었다는 점에 대한 강한 아쉬움이 묻어났다. 인생의 후반기에 바라본 파리의 에펠탑과 20대 초반에 바라본 에펠탑의 모습은 결코 같을 수 없다. 물론 에펠탑은 언제나 그 모습 그대로 서 있겠지만 그것을 보며 느끼는 감정은 절대 똑같을 수 없기 때문이다.

비단 여행과 같이 특별한 경험만 해당하는 것은 아니다. 일상에서도 마찬가지다. 대표적인 것이 바로 육아다. 아이들은 시간이 지나면서 자연스럽게 어른으로 성장한다. 이때 부모가 살기 바쁘다고 어린 자녀와 함께하는 소중한 시간을 그냥 지나친다면 두고두고 후회할 수 있다. 어렸을 때 자녀와 많은 시간을 보내지 못한 부모는 나이가 들어서도 결코 자녀와 친하게 지낼 수 없다. 실제로 지금 중년의 아버지들 중에는 가족과 함께 있어도 외로움을 느끼는 경우가 심심찮게 있다고 한다. 그동안 함께한 시간이 적어 정신적으로 공유하고 있는 부분이 별로 없다 보니 가족과의 대화 내용이 피상적인 수준에서 맴돈다고 토로 한다. 자녀를 낳고 기르기 시작하는 시기는 보통 20대 후반에서 30대 초중반으로, 이 시기는 사회적 기반이 미약해서 상대적으로 가정보다는 사회에 더욱 집중할 수밖에 없는 것이 사실이다. 그렇다고 가족과의 시간을 소홀히 한다면 더 큰 후회로 남을 수 있다는 점을 명심해야 한다.

인생을 설계할 때는 반드시 지금 이 시점에 대한 배려가 필요하다. 이는 미래에 대한 목표시점을 너무 빨리만 잡지 않는다면 충분히 가능하다. 10년 안에 자신의 분야에서 기반을 다지거나 경제적으로 목표금액에 달성하겠다고 생각했다면, 이 시기를 5년에서 10년 정도 늦춰도 변하는 것은 아무것도 없다. 100세 시대를 앞둔 요즘, 우리의 인생은 생각보다 길다는 점을 잊어서는 안 된다. 긴 인생을 놓고 본다면 5년이나 10년의 시간은 결코 늦은 것이 아니다. 따라서 남들보다 앞서려고 하지 말고 자신만의 시간표를 만들어 자기 페이스대로 움직여야 한다.

삶을 풍요롭게 만들고 싶다면 예스맨(Yes Man)이 되라

현재의 삶을 좀 더 풍요롭게 만들고 싶다면 짐 캐리 주연의 영화 〈예스맨〉에 나오는 삶을 살아보기를 추천한다. "No"라는 단어를 입에 달고 살던 주인공은 '인생역전 자립프로그램'에 가입하면서 인생이 180도로 달라진다. 모든 일에 "Yes"를 외쳐야만 하는 주인공은 번지점프, 한국어 수업 듣기, 모터사이클 타기, 남의 인생에 간섭하기 등등 과거에는 상상할 수도 없던 일들을 하면서 삶의 활력도 얻고 하는 일도 잘 풀리게 된다.

현재의 삶을 좀 더 풍요롭게 만들고 싶다면 뭔가 새로운 일에 도전해보자. 사실 '도전'이라는 말을 쓰기 민망할 정도로 쉬운 일부터 시작하는 것이 좋다. 지하철을 타고 출퇴근을 했다면 한 번쯤 버스를 타고 가보자. 매일 걷던 거리를 두고 먼 길로 빙 돌아서 가자. 가끔은 남들보다 회사에 일찍 출근해 건물 사이로 떠오르는 태양을 바라보는 것도 색다른 경험일 것이다.

오늘과 다른 내일을 살기 위해, 아니 오늘 이 순간을 좀 더 재미있게 살기 위해 잠시 동안 고민해보자. 이보다 값진 고민도 없다. 지금 이 순간보다 소중한 시간은 없기 때문이다. 5년 뒤, 10년 뒤의 내 모습을 상상하며 버킷리스트를 만드는 것도 좋지만, 지금 당장 할 수 일들로 버킷리스트를 채워나가는 것이 중요하다. 생각해보면 뭔가 해보고 싶은데 고민만 하다가 결국 실행에 옮기지 못하는 일들이 많이 있을 것이다. 할까 말까 망설여지는 일이 있다면 최대한 빨리 시작해보자. 그것이 바로 현재의 나의 삶을 풍요롭게 만드는 법이다.

8. 자신의 생활수준부터 결정하자

삶의 변화가 일어날 때 돈이 움직인다.
- 미치 앤서니

프랑스의 대표적인 철학자 드니 디드로는 어느 날 친구한테 진홍색 가운을 선물 받았다. 선물 받은 가운을 입고 서재에 앉아 있으니 가운에 비해 책상이 초라해 보였다. 그는 책상을 바꿨다. 그러자 이번에는 책꽂이가 눈에 거슬렸다. 그렇게 디드로는 책꽂이, 의자 등 서재의 모든 것을 바꾸게 된다. 결국 서재 전체를 바꾸게 되었고, 바뀌지 않은 것은 자기 자신밖에 없다는 사실을 깨닫는다. 과거의 익숙함이 사라진 서재는 디드로에게 더 이상 행복을 가져다주지 않았다. 이처럼 욕망의 추구가 만족 대신 또 다른 욕망을 낳는 이율배반적 상황을 가리켜 '디드로 딜레마'라고 부른다.

사람들은 행복해지기 위해 돈을 모은다. 하지만 처음 목표로 한 돈이 모였을 때, 돈 모으는 것을 멈추는 사람은 없다. 돈을 모으는 사이 욕구도 같이 커졌기 때문이다. 원하는 액수의 돈이 모였음에도 오히려 전보다 더 많은 것을 원하는 탓에 결코 행복해지지 않는다. 부족함을 느낀 나머지 이전의 목표보다 더 많은 돈을 모으는 데 몰입하게 된다. 그 결과 원래 목표였던 행복은 기억 속에서 사라지고 오직 돈만 남게 된다.

왜 그렇게 된 것일까? 사람들은 소득이 늘어남에 따라 소비도 자연스럽게 늘려가는데 중요한 것은 소득이 늘어나는 비율보다 소비가 늘어나는 비율이 훨씬 크기 때문이다. 결국 현재 생활수준에서 원하는 부의 크기를 정해도 정작 원하는 부를 이루었을 때의 생활수준은 과거에 비해 너무 높아져 예전에 목표로 한 금액으로는 결코 만족할 수 없게 되는 것이다.

그럼 과거의 목표와 현재 삶의 불일치를 예방할 수 있는 방법은 무엇일까? 지금까지 '목표금액 얼마'를 기준으로 목표를 세웠다면, 이제는 '월 현금흐름 얼마'의 형태로 목표를 세워야 한다. 이를 위해서는 자신의 생활수준, 즉 소비수준을 먼저 결정하고 목표로 잡은 범위 내에서 생활할 수 있도록 스스로를 다잡을 필요가 있다.

생활수준을 높이는 것 vs 행복하게 사는 것

여기서 한 가지 명확히 짚고 넘어가야 할 것이 있다. 바로 돈을 더 많이 벌고자 하는 이유가 자신의 생활수준을 지속적으로 높이기 위함인지, 아니면 행복한 삶을 사는 데 필요한 도구로 사용하기 위함인지 결정해야 한다. 만약 생활수준을 지속적으로 높이기 위해 돈을 벌기로 결심했다면 '행복방정식' 따위는 쓰레기통에 버리는 것이 맞다. 이 책을 덮고 지금부터라도 자신의 가치를 높이기 위해 노력하든가 아니면 본격적으로 재테크에 몰입할 필요가 있다. 그마저도 싫다면 매주 로또를 사면서 자신의 운에 모든 것을 맡겨보는 편이 보다 현명할 것이다. 하지만 이것 하나만은 명심해야 한다. 생활수준을 높이기 위해 돈을 더 많이 벌기로 마음먹었다면 욕구는 점점 더 커져 결코 만족할 수 없다는 점이다. 왜냐하면 무엇을 갖고 있든 그 이상의 것이 늘 존재하기 때문이다.

사람들은 왜 돈을 많이 벌고 싶어 할까? 바로 행복하게 살고 싶기 때문이다. 그런데 행복하게 사는 데 돈보다 중요한 것들이 많이 있다. 가족, 친구, 취미나 일 등등. 돈은 그저 행복해지기 위해 필요한 기본적인 것이지 그 이상은 될 수 없다. 문제는 우리의 욕구를 그냥 놔두게 되면 삶의 무게중심이 점점 돈에 쏠릴 수밖에 없다는 것이다. 인간에게 주어진 시간은 하루 24시간으로 누구에게나 동일하다. 돈으로는 시간을 사지 못한다. 점점 더 많은 시간을 돈에 집중할수록 우리에게 행복을 주는 것들에는 점점 더 적은 시간을 할애할 수밖에 없다. 따라서 우리는 행복을 위해 이 둘 사이의 균형을 잡아야 한다. 지금부터라도 자신의 생활수준을 정하고, 이에 맞춰 살도록 노력해야만 한다.

자신의 생활수준 결정하기의 장점

자신의 생활수준을 설정하고 그 안에서 살려고 노력한다는 것은 스스로의 욕구를 조절하겠다는 의지의 표현이다. 자산의 규모를 목표로 하는 것보다 자신의 생활수준을 결정하는 것에는 다음과 같은 장점이 있다.

첫째, 어렵게 모은 재산을 효과적으로 지켜나갈 수 있다. 자신의 재산을 지키는 가장 손쉬운 방법은 지출이 수입을 넘기지 않는 것이다. 매월 나오는 현금흐름에 맞춰 자신의 생활수준을 맞춘다면, 자신이 쌓은 부를 평생토록 지킬 수 있다.

둘째, 자신의 관심을 오로지 돈에 한정 짓지 않는다면 보다 다양한 것을 경험할 수 있다. 재산이 늘어남에 따라 지출을 늘리고, 늘어난 지출을 감안해서 더 큰 금액을 목표로 하다 보면 쳇바퀴 돌 듯 오직 돈 버는 일에만 몰두해야 하는 '돈 버는 기계'로 전락하기 쉽다. 처음에 부자가 되기를 원했던 이유를 다시 한번 생각해보고, 돈보다 더 소중한 것들이 존재한다는 점을 절대 잊어서는 안 된다.

마지막으로 소비의 만족도를 높일 수 있다. 소비는 이성과의 만남과 비슷한 면이 많다. 쉽게 사귄 이성과는 쉽게 헤어지듯 쉽게 얻은 물건에는 애착이 생기지 않기 때문에 쉽게 버릴 수 있다. 길거리를 지나다가 마음에 드는 물건을 보고 바로 구입했을 때와 그것을 갖기 위해 아르바이트까지 해가며 어렵게 손에 넣을 때를 비교해보면 아마 후자의 경우가 만족도가 높을뿐더러 그 지속 기간도 훨씬 길 것이다. 자신의 생활수준을 결정하고 그 안에서 살기 위해 노력한다면 아무래도 갖고 싶은 물건이 생긴다고 바로 사기는 힘들 것이다. 자신이 원하는 것을 사기 위해서는 그만큼의 노력이 따를 수밖에 없다.

'목표금액'을 정하기 이전에 자신의 생활수준을 설정하고, 그 안에서 살도록 노력해보자. 삶이 풍요로워질 뿐만 아니라 만족감도 올라갈 것이다.

월급통장 관리비법

돈 관리의 중요성은 아무리 강조해도 지나치지 않다. 돈은 특이하게도 쉬지 않고 일하는 특성이 있다. 사람은 열심히 일하고 난 후 휴식이 필요하지만 돈은 그렇지 않다. 은행에 넣어둔 돈에는 공휴일이든 주말이든 하루도 쉬지 않고 매일같이 이자가 붙는다. 반대로 놀게 내버려두면 한도 끝도 없이 노는 것이 바로 돈이다.

PB센터와 압구정에 근무하면서 돈 많은 사람들을 상대하다 보니 "저래서 부자가 되는구나"라고 수긍이 가는 고객들을 만나게 된다. 그들의 돈 관리에는 나름의 철학이 있다. 바로 절대로 돈을 놀게 내버려두지 않는다는 것이다. 이런 사람들의 특징은 은행을 수시로 방문한다는 점이다. 액수가 크든 작든 일단 돈이 생기면 저금을 한다. 절대 돈이 입출금 통장에서 그냥 쉬도록 내버려두지 않는다. 예금이나 적금도 만기를 지나치는 법이 없다. 만기일에 딱 맞춰 예금을 다시 개설한다. 그들은 본능적으로 쉬지 않고 일할 수 있는 돈의 특성을 아는 것 같다.

돈 관리의 핵심은 두 가지다. 하나는 앞에서 설명한 대로 노는 돈을 최소화해야 한다는 점이고, 다른 하나는 쉬워야 한다는 점이다. 돈 관리를 쉽게 하는 가장 좋은 방법은 자동이체를 활용하는 것이다. 자동이체를 통해 월급통장에 돈이 들어오면 알아서 자신의 일터로 가게 만들어야 한다.

Step 1 : 불필요한 입출금 통장들을 하나로 통일한다

돈 관리의 시작은 불필요한 입출금 통장들을 정리하는 것이다. 어떤 모임의 총무

로서 본인의 자금과 모임 회비를 따로 관리해야 하는 경우가 아니라면 입출금 통장은 월급통장 하나로 일원화할 필요가 있다. 여러 개의 입출금 통장으로는 돈을 관리하기 힘들뿐더러 반드시 노는 돈이 발생하게 마련이다.

Step 2 : 본인의 월급을 소비성 자금과 투자성 자금으로 분리하라

소비성 자금이 현재의 삶을 위한 소비 성향이 강하다면, 투자성 자금은 미래를 위한 준비 성향이 강하다. 교통비, 통신비, 식비, 의류비 등 우리가 오늘을 살아가면서 소비하는 돈이 소비성 자금이다. 결혼자금, 주택자금, 자녀교육비, 은퇴자금 등 내일을 위해 준비하는 돈은 투자성 자금이다. 소비성 자금과 투자성 자금으로 분리하는 작업이 필요한 이유는 내 돈의 사용처를 미리 계획하고 이에 맞춰 살기 위해서다. 관리를 위해 필요한 것은 사전계획이다. 많은 직장인들이 자신의 월급이 도대체 어디로 갔는지 모르겠다고 하소연한다. 월급을 어떻게 사용할지 한 번도 생각해본 적이 없기 때문이다. 돈의 사용처를 계획하지 않고는 절대 돈을 벌 수 없다.

Step 3 : 투자성 자금을 적금, 펀드, 보험 등에 자동이체 하라

돈이 노는 것을 방지하는 데 가장 좋은 방법은 월급이 들어오자마자 자동이체를 활용하여 각자의 일터로 돈을 보내주는 것이다. 한 번 자동이체를 걸어두면 더 이상 신경 쓸 필요도 없다. 알아서 돈이 움직이다 보니 따로 시간을 내서 관리하지 않아도 된다.

단, 자동이체에도 우선순위가 있다. 월급이 들어오면 다른 어떤 자동이체보다도 투자성 자금이 가장 먼저 빠져나갈 수 있도록 자동이체 순서를 조정해야 한다. 모든 자동이체에는 그것으로 이득을 보는 쪽이 반드시 존재한다. 신용카드 자동이체는 신용카드 회사가, 전화요금 자동이체는 통신회사가 이득을 보게 된다. 우선 소득이 생기면 바로 나 자신을 위해 먼저 사용해야 한다는 점을 잊어서는 안 된다.

Step 4 : 월급의 잔액 범위 내에서 소비하고 남는 돈은 일하게 만들어라

정해진 범위 내에서 사는 것이 쉽지 않을 수 있다. 계획한 것보다 소비를 많이 해서 연체가 생기면 어쩌나 걱정이 될 수도 있다. 하지만 단기적으로 연체할지는 몰라도 그러한 상황이 사람을 변하게 만들 것이다. 사람은 어떠한 환경에서든 잘 적응하는 동물이기 때문이다. 정해진 범위 내에서 소비하기 위해서는 현금으로 소비하거나 체크카드를 이용하는 편이 좋다. 여기에 입출금 내역을 자동으로 알려주는 서비스를 이용하면 금상첨화다. 스마트폰 앱을 이용하면 무료로 통장의 입출금 내역을 실시간으로 받아볼 수 있다. 통장의 잔고를 실시간으로 확인하면 소비를 좀 더 계획적으로 할 수 있을 것이다. 이렇게 쓰고도 돈이 남았다면 이 돈을 자신의 일터로 보내주면 된다.

Step 5 : 매년 말 자산현황표를 만들자

모든 계획에는 피드백이 있어야 한다. 자신의 돈이 얼마나 잘 일하고 있는지 확인하고, 필요하다면 계획을 수정해야 한다. 이때 자산현황표를 활용하면 유용하다. 여러 개의 금융기관을 이용한다면 직접 자산현황표를 만들어야 하겠지만, 주거래 은행이 있다면 따로 만들 필요 없이 주거래 은행에서 자산현황표를 받아보는 것도 좋은 방법이다. 매년 자산현황표를 모아두면 자산의 변동상황이 한눈에 파악되어 앞으로의 계획을 세우는 데 도움이 될 것이다.

지금까지 월급통장의 관리비법 5단계를 알아보았다. 단계를 5가지로 나누긴 했지만 일단 계획을 세웠다면 실제로 관심을 가지고 실행해야 할 부분은 Step 4인 주어진 범위 내에서 소비하고 남는 돈을 일터로 보내는 것뿐이다. 나머지는 자동이체를 통해 알아서 돈이 움직일 것이다. 계획을 세우고 그 계획이 제대로 작동하는지 보완해야 할 점은 없는지 살펴보는 것은 1년에 한 번이면 충분하다. 돈을 관리해야 한다면 그 자체로도 스트레스를 받는 사람들이 있다. 지금까지 제대로 해본 적이 없는 탓에 뭔가 거창하고 어려울 것이라 지레 짐작하기 때문이다. 그러나 지금까지 살펴본 것처럼 조금만 관심을 가지고 계획을 세운다면 돈 관리는 어렵지 않다. 돈에 대한 계획 없이는 절대 돈을 모을 수 없다는 점을 기억하기 바란다.

소박한 삶이야말로 더 이상 부를 늘리기보다 자신이 가진 것에 만족하고 감사할 줄
아는 진정한 삶이다.

WASTE(낭비) :

낭비를 줄여 소박한 삶을 실천하자

3

1. 왜 Waste(낭비)를 줄여야 할까?

시간이 해결해준다는 말이 있긴 하지만,
실제로 일을 변화시켜야 하는 것은 바로 당신이다.
– 앤디 워홀

　매년 새해가 되면 많은 사람들이 금연을 결심하지만 대부분 며칠 못가 실패하고 만다. 정부에서 금연을 위해 담뱃값 2천 원 인상이라는 초강수를 썼음에도 시간이 지나자 다시 예년 수준의 판매량을 회복했다고 하니 금연이라는 것이 얼마나 어려운지 알 수 있다. 오죽하면 금연에 성공한 사람은 정말 독한 사람이니 상종조차 하지 말라는 우스갯소리까지 있을까 싶다.

　금연에 실패하는 다양한 이유가 있겠지만 그중 하나를 인지부조화 이론에서 찾을 수 있다. 인지부조화란 생각과 행동이 불일치하는 것을 의미한다. 사람은 생각과 행동이 일치하지 않을 때 스트레스를 받는데, 스트레스를 받는 상황으로부터 벗어나기 위해 생각과 행동, 둘 중 하나를 바꾸게 된다. 생각을 바꾸는 것이 행동을 바꾸는 것보다 훨씬 쉽기 때문에 자연스럽게 생각을 바꿔 생각과 행동을 일치시키려고 한다. 이것이 바로 인지부조화 이론이다. 담배를 피우는 사람들은 담배가 나쁘다는 것을 알면서도 담배를 피우고 있는 자신의 모습에서 스트레스를 받는다. 금연을 하고 싶으나 쉽지 않다 보니 담배에 대한 생각을 바꿔 담배를 피우는 자신을 정당화하려 한다.

사실 이런 상황은 우리 주변에서 너무나 흔하게 볼 수 있다. 사람들은 부자가 되고 싶어 한다. 하지만 극히 일부 사람만이 금연에 성공하듯, 부자가 되는 사람의 수는 아주 적다. 왜 그럴까? 알고 있는 것을 행동으로 옮기지 못하기 때문이다. 부자가 되고 싶은데 행동이 따라주지 않는다면 '부자는 아무나 되나?' 혹은 '내 주제에 무슨'이라고 생각하며 부자는 마치 특별한 운명을 지닌 사람쯤으로 치부하며 현실에 안주하려 들 것이다.

지금 이 책을 읽고 있는 사람들에게도 이런 위기의 순간들이 종종 나타날 수 있다. 대부분은 이제 겨우 자신의 욕구(Want)에 관심을 가지기 시작했을 것이다. 그리고 앞으로 수많은 고민의 시간을 통해 자신이 진정 원하는 삶을 찾고 이를 실천하기 위해 노력해 나갈 것이다. 어렵게 발견한 자신의 욕구에 충실한 삶을 살기 위해서는 예전과는 다른 새로운 생활방식이 필요하다. 과거에는 남의 눈을 의식해서 좀 더 화려한 삶을 추구했다면 이제는 다소 소박하지만 나 자신의 욕구에 충실한 삶을 살도록 노력해야 한다. 그렇지만 하루아침에 생활패턴을 바꾼다는 것은 쉬운 일이 아니다. 새로운 생활방식을 실천하려다가도 금세 포기하고 예전의 방식 그대로 살아야겠다는 생각이 수시로 들 것이다. 그럴 때일수록 자신이 진정 원하는 삶이 무엇인지를 떠올리며 극복해내야 한다. 그렇지 않으면 영원히 자신을 위한 삶이 아닌 남들에게 보여주기 위한 삶을 살아야 할지도 모른다. 그래서 이번

장의 내용은 아는 것에서 그쳐서는 안 되고, 한 발 더 나아가 이를 실천하려는 노력이 필요하다.

• 생각만으로는 인생을 바꿀 수 없다. 행동을 바꿔야 인생을 바꿀 수 있다

자신의 욕구를 위한 생활방식은 어떤 것일까? 그것은 외향에 치중하기보다 내실을 기하는 소비생활방식이다. 즉, Waste(낭비)를 줄이는 것이다. 어차피 원하는 만큼 벌 수 없다면 가진 범위 내에서 자신이 하고 싶은 일을 마음껏 할 수 있도록 쓸 데는 쓰고, 아낄 데는 아끼는 생활방식을 습관화해야 한다. "낭비를 줄인다"는 것은 "지출을 통제하라"와 '절약'과도 일맥상통하는 표현이다. 낭비를 줄이라고 하면 짠돌이처럼 살아야 하는 것은 아닌가 생각할 수도 있다. 하지만 악착같이 모으기만 하는 구두쇠처럼 살라는 이야기를 하려는 것이 절대 아니다. 오히려 어떻게 써야만 내가 행복한지 충분히 따져보고 합리적으로 소비하라는 것이다. 합리적인 소비를 위해서 필요한 것은 불필요한 지출을 줄이는 것, 즉 낭비를 줄이는 것이기 때문이다. 결국 "낭비를 줄인다"는 표현은 "합리적으로 소비하라"는 말과 같다.

낭비를 줄임으로써 남들이 보기에 화려한 삶이 아닌 스스로 만족할 수 있는 소박한 삶을 살 수 있다. 소박한 삶이야말로 더 이상 부를 늘리기보다 자신이 가진 것에 만족하고 감사할 줄 아는 진정한 삶이다. 아무래도 화려한 삶을 꿈꾼다면 자신의 욕구보다는 돈을 좇을 확률이 크다. 결국 이번 장은 자신의 욕구를 이루어주는 행동방식인 셈이다.

그래서 Want(욕구)를 정신편, 그리고 Waste(낭비)를 행동편이라 이름 붙였다.

중국 속담에 "느린 것을 두려워하지 말고 중도에 그만두는 것을 두려워하라"는 말이 있다. 무슨 일이든 오래 지속해야만 성과가 생긴다. 오래 지속하기 위해서는 너무 거창한 목표를 세우는 것은 가급적 피해야 한다. 그래야 중간에 멈추지 않기 때문이다. 낭비를 줄인다고 해서 처음부터 무리하게 계획을 세운다면 십중팔구는 중도에 그만두게 될 것이다. 사람들 대다수가 생각은 저 멀리 달려가는 데 반해, 행동은 이에 미치지 못한다. 그래서 절대 처음부터 큰 욕심을 부리면 안 된다. 낭비를 줄이는 것은 한 번 달성하고 마는 이벤트성 행사가 아니라 우리 삶의 일부로 체화시켜야 하는 것이다.

작은 행동의 변화가 모여 큰 변화를 이뤄낼 수 있다. 가장 쉬운 일부터 찾아서 해야 한다. 한 달, 6개월, 혹은 1년을 두고 생각하면 작은 변화가 사소하게 보일지 몰라도 10년, 20년 혹은 그 이상을 염두에 두면 정말 큰 힘을 발휘할 수 있을 것이다. 물론 사소한 행동이 제2, 제3의 다른 행동들을 이끌어낼 수 있다는 점도 잊어서는 안 된다.

"행동이 먼저냐, 정신이 먼저냐"에 대한 질문에 대해선 당연히 정신이 먼저라고 답할 수 있다. 하지만 정신을 바꾸었다고 해서 끝나는 것은 아니다. 정신을 더욱 공고히 만들기 위해서 필요한 것이 바로 행동이다. 행동이 뒷받침되지 않은 정신은 그저 한순간의 몽상에 불과할 뿐이다. 행동이 바뀌어야 진정한 변화가 올 수 있다. 만약 자신의 현재 삶에 뭔가 불만을 느끼고 이를 변화시키고 싶다면 행동의 변화를 이끌어내야만 한다.

2. 부자가 되는 네 가지 방법, 당신의 선택은?

낭비가 없으면 부족함도 없다.
– 월터 스콧

● 부(富)의 공식 ●

{순자산 + (수입 – 지출)} × 수익률 = 부(富)

　사람들은 부자가 되고 싶어 한다. 어떻게 하면 부자가 될 수 있을까? 그래서 만들어낸 것이 위에 있는 '부의 공식'이다. 이 식에 따르면 부자가 되는 방법은 의외로 쉬운 것 같다. 원하는 만큼 돈을 모으기 위해서는 현재 가지고 있는 순자산이 크거나 수입이 많거나 혹은 지출을 줄이거나 그마저도 어렵다면 수익률을 극단적으로 높이는 방법이 있다. 사실 이 식이 새롭다거나 뭔가 특별한 것을 의미하지는 않는다. 그저 누구나 어렴풋이 알고 있던 생각을 좀 더 명확하게 공식화 했을 뿐이다. 근데 이 식을 보고 있자니 한 가지가 궁금해졌다. 과연 어떤 방법이 재산을 늘리는 데 가장 쉬운 방법일까? 각각의 방법에 대해 좀 더 자세히 알아보자.

첫째, 타고난 운명(순자산)

부자가 되는 첫 번째 방법은 타고난 운이다. 이유는 간단하다. 부잣집에서 태어나면 그만이기 때문이다. 은행에서 VIP 고객들을 상대하면서 소위 금수저를 물고 태어난 사람들은 내가 뭔 짓을 해도 돈으로는 이기기 쉽지 않다는 것을 알게 되었다. 부모가 상당한 수준의 자산가라면 뭐가 고민이겠는가? 부모님 살아계실 때 효도 열심히 해서 부모님이 어렵게 일궈놓은 재산을 고스란히 물려받으면 된다. 사실 효도까지도 필요 없다. 망나니 같은 자식이라도 자식은 자식이다. 피는 물보다 진하다고 하지 않는가. 아무리 마음에 들지 않는다고 해도 부모님의 재산은 고스란히 자식에게로 넘어간다.

부모 운이 없다고 끝은 아니다. 본인의 타고난 운을 시험해볼 기회는 많이 있다. 가장 대표적인 것이 바로 복권이다. 그중에서도 로또. 초기와 비교하면 당첨금액이 줄어들긴 했어도 로또는 우리 사회에서 인생역전의 대명사로 통할 정도다. 로또에 당첨된다면 웬만한 부자 부모는 전혀 부럽지 않다. 꼭 복권이 아니어도 하는 일마다 아주 잘되는 사람도 분명 존재한다. 물론 본인의 노력으로 그러한 행운을 만들었겠지만, 그렇지 않은 경우도 종종 볼 수 있다. 우연히 사둔 땅이나 주식이 몇십 배로 오른다거나 하는 사업마다 시기를 잘 만나 대박을 치는 경우가 이에 해당한다. 이도 저도 아니라면 돈 많은 배우자를 만나는 것도 한 방법이다.

물론 순전히 본인의 노력으로 상당한 순자산을 만든 경우도 있다. 수입을 늘린다거나 지출을 줄이거나 본인이 가진 자산을 효과적으로

3장 행동편
WASTE(낭비) : 낭비를 줄여 소박한 삶을 실천하자　89

투자해 꾸준히 늘린 결과이다. 그러나 이것은 오랜 노력의 결과물이지 처음부터 자산을 갖고 시작하는 것은 아니기 때문에 타고난 운과는 거리가 먼 이야기다.

둘째, 수입을 늘린다 vs 셋째, 지출을 줄인다

이제는 재산을 획기적으로 늘릴 만한 방법이 없어지면서 '행복방정식'의 분자인 소유 부분은 점차 고정된 값이 되어가고 있다. 좀 더 정확히 표현하자면 상당 기간은 고정된 값으로 봐도 무방하다. 왜냐하면 현재 가지고 있는 자산의 크기(2012년을 기준으로 통계청에서 발표한 우리나라 가구당 평균자산은 3억 1,495만 원으로 부채를 차감한 순자산은 2억 2,560만 원임)를 고려해봤을 때 매월 받는 월급에서 소비하고 남은 돈으로 저축을 해서는 자산의 규모를 쉽게 변화시키기 힘들기 때문이다. 2억의 재산이 있는 상황에서 매달 50만 원, 혹은 100만 원을 저축했다고 해서 자산의 규모가 크게 변하는 것은 아니다. 이자를 고려하지 않는다고 하더라도 50만 원씩 저축해서 2억 원을 3억 원으로 늘리기 위해서는 16년이 넘는 시간이 필요하다.

그렇다고 지속적으로 자산을 늘리는 노력을 게을리 해서는 안 된다. 가진 것 하나 없이 세상에 나온 대다수의 사람들도 본인의 노력으로 본인의 운명을 개척할 수 있는 방법이 분명 있다. 눈에 확 띄지는 않지만 꾸준히 자산을 늘려가는 방법은 크게 두 가지이다. 하나는 수입을 늘리는 것이고, 다른 하나는 지출을 줄이는 것이다. 수입을 늘리는 것과 지출을 줄이는 것 중 어느 것이 더 쉬울까? 지금 같은 상황에서는 수입을 늘리는 것보다는 지출을 줄이는 것이 훨씬 쉽다. 그렇기에 "낭비(Waste)를 줄이자"라는 이야기를 두 번째 테마로 잡은 것이다.

수입을 늘리기 위해서는 본인의 노동력을 추가로 투입하거나 자신의 재산을 보다 생산적인 곳에 투자함으로써 부수적인 수입을 올려야 한다. 본인의 노동력을 추가로 투입하는 대표적인 방법은 부수적인 일거리를 얻는 것이다. 쉽게 말해 투잡을 뛰면 된다. 물론 투잡을 뛴다는 것이 생각만큼 쉬운 일은 아니다. 경기가 한창 좋을 때야 일손이 부족해 손쉽게 투잡을 뛸 수도 있었겠지만, 지금 같이 저성장이 점차 고착화되는 시기에는 본인의 상황에 딱 맞는 일을 구하기가 어렵다. 게다가 세계 최고의 노동 강도를 자랑하는 한국에서 회사에 다니면서 추가적인 일을 할 만한 시간을 갖는다는 것은 어찌 보면 불가능에 가깝다. 운이 좋아 투잡을 뛴다고 하더라도 육체적으로 무리가 따를 수밖에 없다.

그럼 자본을 투자하여 추가적인 수입을 얻는 것은 어떨까? 사실 이 부분은 추가적인 수입이라고 표현하는 것보다 수익률의 관점에서 보는 것이 맞다고 생각한다. 하지만 자본을 투자하여 추가적인 수입을 얻을 수 있는 대표적인 방법인 부동산 임대사업으로 한정하여 살펴보도록 하자. 금액을 불문하고 매월 월세를 받을 수 있는 부동산을 가지고 있다면 생각만 해도 정말 든든할 것이다. 그런데 월세를 받는 부동산이 매력적이기는 하지만, 잘못하면 애물단지가 되기 쉽다는 점도 잊지 말아야 한다. 경기가 좋고 장사가 잘될 때는 월세도 꼬박꼬박 들어오고 시간이 지나면서 부동산의 가치도 올라가겠지만, 지금처럼 불경기에 많은 수의 자영업자들이 폐업을 하는 시기에는 월세가 밀리는 것은 시간문제이기 때문이다.

필자가 아는 고객 중에 한 분은 월세가 밀리는 데도 임차인에게 나가라고 하지도 못하고 속만 태우고 있었다. 장사가 너무 안 되니 임차인은 권리금도 포기하고 나가겠다고 하지만, 새로운 임차인을 구하는 것이 쉬운 일도 아니고 빈 채로 상가를 두게 되면 관리비는 고스란히 임대인의 몫이기 때문이다. 더욱이 새로운 임차인을 구할 때 드는 부동산 중개비용, 부동산을 보유함으로써 부담하게 되는 세금, 상가가 오래되어서 발생하는 여러 가지 수리비용, 그리고 임차인이 들어오는 시기를 맞추지 못해 몇 개월을 빈 채로 두게 됨으로써 받지 못하는 월세 등의 상황을 고려해봤을 때, 월세를 받는 부동산이 정기예금 이자 대비 몇 배의 수익을 올리는 황금알을 낳는 거위는 결코 아니다. 부동산 임대사업에 대해 쉽게 생각하는 사람들이 많지만, 실제로 해보면 그리 만만치 않다는 사실을 알게 될 것이다.

이처럼 요즘 같은 시기에는 수입을 늘리는 일이 쉽지 않다. 본인의 의지도 중요하겠지만 그보다는 외부환경에 많은 영향을 받을 수밖에 없기 때문이다. 운이 좋아 본인에게 딱 맞는 일을 구하거나 좋은 임차인을 만나 속 썩을 일 없이 꾸준히 월세를 받는다면 정말 행복하겠지만 생각만큼 쉬운 일은 아니다. 수입을 늘리는 다른 방법으로 본인의 노동력이나 자본을 투입하는 것 말고도 본인의 가치를 높여 수입을 늘릴 수도 있다. 만약 본인의 가치를 높이는 일에 관심이 있다면 차라리 그에 관한 자기계발 서적을 읽는 편이 나으므로 여기서는 굳이 언급하지 않겠다.

수입을 늘리는 일이 본인의 의지보다 주어진 환경에 좌우되는 반면,

지출을 줄이는 일은 본인의 의지로 통제 가능하다. 나에게 주어진 환경을 바꾸기 위해 노력하는 것보다 나를 바꾸는 것이 상대적으로 쉽다. 물론 수입을 늘리는 것에 비해서 쉽다는 말이지 나를 바꾸는 것이 쉽다는 말은 아니다. 오해 없길 바란다. 앞에서 살펴본 것처럼 지금 우리 사회에서는 추가적인 수입을 올리는 것이 점점 더 어려워지고 있다. 경제가 점점 저성장의 늪에 빠져들고 있기 때문이다. 이런 상황에서는 무리하게 수입을 늘리기 위해 자신의 시간과 노력을 모두 투자하기보다는 낭비를 줄여 지출을 줄여나가는 편이 오히려 돈을 모으기에 더 적합하다고 생각한다. 게다가 수입을 늘리기 위해 투자하는 시간과 노력을 자신이 원하는 삶을 위해 투자한다면 삶의 질은 보다 높아질 것이다.

수입을 늘리는 것보다 지출을 줄이는 것에 더 관심을 가져야 하는 이유는 또 있다. 지출은 부의 공식에서 유일하게 마이너스로 표시된 부분이다. 즉, 지출을 제대로 통제하지 못한다면 모든 것을 잃을 수도 있다는 뜻이다. 아무리 큰 항아리에 물이 가득 담겨 있다고 해도 항아리 밑에 조그마한 구멍이라도 생긴다면 물은 금세 사라질 것이다. 항아리 밑의 구멍은 곧 제대로 통제되지 못한 지출을 의미한다. 모으는 것은 어려워도 모은 것을 써버리는 것은 한순간이다. 거액의 로또에 당첨되고도 흥청망청 써버리다 오히려 로또에 당첨되기 전보다도 못한 삶을 살아가는 사람들의 이야기는 해외토픽을 통해 한 번쯤은 들어봤을 것이다.

넷째, 수익률을 높인다

수익률하면 '재테크'를 떠올리는 사람들이 많을 것이다. 다들 기억하겠지만 불과 몇 년 전만 하더라도 우리 사회에 재테크 광풍이 불었다. 서점에는 주식이나 부동산으로 얼마를 벌었다는 내용의 서적들이 넘쳐났다. 물론 지금도 이런 종류의 책들은 꾸준히 나오는데 예전만큼 큰 인기는 끌지 못하고 있다.

예전에는 투자를 잘 해서 돈만 벌면 되었기 때문에 얼마를 쓰는지에 대해서는 관심이 없었다. 종잣돈도 많이 필요하지 않았다. 대출을 이용하면 수익률을 극대화할 수 있었기 때문이다. 대출을 많이 끌어다 쓸 수 있는 사람일수록 투자의 고수로 인정받았다. 게다가 돈이 알아서 돈을 벌어다 준 덕분에 번 돈을 흥청망청 쓰는 사람일수록 성공한 투자자라 불리며 선망의 대상이 되곤 했다. 자연히 모든 관심은 수익률에만 집중되었고, 부자가 되려면 투자를 잘 해야 한다는 공식이 성립하게 되었다. 손쉽게 투자로 돈을 번 사람에게는 박수를 보내는 데 반해, 정직하게 땀 흘려 번 돈으로 열심히 저축하는 사람에게는 시대에 뒤떨어졌다고 놀려댔다. 하지만 이러한 성공방식이 지금도 통할까?

이제는 근본적인 패러다임이 바뀌었다. 아무거나 사 두면 오르는 시대는 끝났다. 예전처럼 위험을 감수하고 적극적으로 투자했다간 정말 패가망신하는 경우가 발생할 수 있다. 이제는 수익률 극대화가 아니라 적절한 수익률을 목표로 해야 한다. 적절한 수익률이란 정기예금 플러스알파 정도의 수준을 의미한다. 물론 이에 대한 구체적인 이야기는 다음 장인 Wealth(부)에서 다룰 예정이다.

부를 모으는 가장 기본은 지출을 통제하는 것이다

부자가 되는 가장 기본은 지출이 수입을 넘지 않도록 관리하는 것이다. 이케아(IKEA) 창업주 잉그바르 캄프라드는 "1원을 절약하면 1원을 번 것이다"라고 했다. 자수성가한 부자들은 어김없이 이 원칙을 지켜왔다. 근데 이 원칙을 지키면서 부자가 되기까지는 시간이 오래 걸리다 보니 사람들은 더 빠른 방법을 찾게 되었다. 빨리 부자가 되고 싶은 마음에 사람들은 무리하게 대출을 받아 부동산을 사고 주식에 투자했다. 그리고 이런 방법이 한동안 우리 사회에서 성공을 거뒀던 것이 사실이다. "부동산 불패신화"라는 말에서 알 수 있듯이 사 두기만 하면 가격이 오르던 시기가 있었고, 이 시기에는 무리하게 담보대출을 받는 것이 당연하게 받아들여졌다. 자고 일어나면 아파트 가격이 오르니 가격이 오른 만큼 소비도 늘렸다. 부자가 될 수 있을 것이라는 희망이 넘쳐흘렀다. 하지만 금융위기를 거치면서 이러한 신화는 막을 내리게 되었다.

개인이 손쉽게 대출을 받게 되면서 절약의 미덕은 사라졌다. 절약을 통해 부자가 되는 것보다 대출을 통해 돈을 버는 것이 훨씬 쉬웠기 때문이다. 대출을 토끼에 비유한다면 절약은 거북이와 같다. 그러나 먼저 앞서가던 토끼가 경기 도중에 잠들어 거북이에게 졌듯이 금융위기가 상황을 완전히 뒤엎어버렸다. 금융위기를 겪으면서 우리는 비로소 내가 산 자산의 가격이 더 이상 오를 수 없다는, 아니 오히려 가격이 더 떨어질 수 있다는 사실을 깨닫게 되었다. 가격이 계속 오르기 위해서는 끊임없이 더 많은 자금이 시장으로 흘러 들어와야 한다. 내가 산

가격보다 누군가가 더 비싼 가격을 지불해야만 가격이 계속해서 오를 수 있기 때문이다.

이제는 시장에 자금이 계속해서 유입되는 것이 한계에 도달했다. 우리가 벌어들이고 있는 소득은 정체되었고, 미래의 소득마저도 대출로 다 끌어다 써버렸다. 대다수의 가정이 맞벌이를 하다 보니 돈을 벌 수 있는 사람들은 모두 동원된 상태다. 경제적인 면에서는 아슬아슬한 외줄을 타고 있는 형상이다. 이런 상태에서 조그마한 외부 충격이 발생하게 된다면 그동안 쌓아올린 모든 것이 무너져버릴 수도 있다. 금융위기를 겪으면서 우리는 비로소 사 두기만 하면 오르던 시절은 끝났다는 사실을 깨달았다. 이제는 다시 기본으로 돌아가야 할 때이다.

3. 새무얼 스마일즈의 《검약론》

얼마를 모으느냐가 아니라 어떻게 쓰느냐,
그것만이 내가 통제할 수 있는 영역이다.
– 토머스 칼라일

필자의 고객 중에 배를 타고 세계를 누비던 분이 계셨다. 나이가 지긋한 중년의 고객은 큰 부자는 아니었으나 안정적인 노후 생활을 할 정도의 자산을 모았던 분이셨다. 그분 말로는 당시 배를 타고 다니던 사람들은 급여를 꽤 많이 받은 덕분에 남들보다 풍족한 생활을 할 수 있었다고 한다. 그런데 세월이 지나 주변을 둘러봤을 때, 최소한 자기만큼이라도 살고 있는 사람은 하나도 없다고 한다. 남부러울 정도의 월급을 받았음에도 불구하고 돈이 생기면 다들 쓰기 바빴고, 비행기가 등장하면서 배는 사양산업이 되어 상당수의 사람들이 직장을 잃거나, 급여가 줄어들면서 자연스레 얼마 모아두지 않은 자산마저 다 써버리게 되었다고 한다.

같은 시기에 같은 회사에 취직해 엇비슷하게 시작한 사람들일지라도 시간이 지날수록 자산의 차이가 커질 수밖에 없다. 부모님의 재력이나 본인이 처한 상황 등에 따라 그 차이는 더욱 커질 수도 있을 것이다. 하지만 같은 급여를 받더라도 꾸준히 저축을 하면서 나름 풍족하게 쓰는 사람이 있는 반면, 급여가 부족하다고 불만을 터뜨리며 부족한 금액만큼 대출로 충당해서 쓰는 사람도 있다. 이들의 차이는 어디에서부터 오는 것일까?

영국의 저술가 새무얼 스마일즈는 이러한 차이를 '검약'에서 찾고 있다. '검약'이란 '돈이나 물건, 자원 따위를 낭비하지 않고 아껴 쓴다'는 뜻이다. 참고로 말하자면 검약은 필자가 이번 장에서 강조하고 있는 "낭비를 줄이자"라는 말과도 일맥상통한다. 그의 저서 《검약론》(새무얼 스마일즈, 《검약론》, 21세기북스, 2006 참조)은 영국이 산업혁명을 거치면서 급속도로 변하는 시기에 부자는 더욱 부자가 되고 노동자들은 방탕한 생활로 빈곤의 늪에서 헤어나오지 못하는 모습을 보면서, 어떻게 하면 노동자들을 교화하여 인간적인 삶을 살도록 만들 수 있을까 하는 고민으로부터 나왔다. 그가 《검약론》을 쓸 당시 영국은 산업혁명을 거치면서 상당한 부를 축적했다. 그런데 국가는 점점 부유해진 데 반해, 역설적으로 국민들은 점점 빈곤의 나락으로 떨어졌다. 국가의 부가 늘어난 만큼 빈곤층도 그만큼 두터워진 것이었다. 왜 이런 일이 발생하게 되었을까?

새무얼 스마일즈는 원인을 노동자들의 무절제한 소비행태에서 비롯되었다고 보고 이를 바로 잡기 위해 《검약론》을 저술했다. 노동자들은 급여를 꽤 많이 받았음에도 불구하고 술과 본인들의 동물적 만족을 충족시키기 위해 모두 탕진했다. 월급을 받자마자 소비해버리는 소비행태는 결국 습관으로 굳어졌고, 한번 굳어진 소비습관은 결코 쉽게 고쳐지지 않았다. 호황 뒤에는 불황이 오기 마련인데, 이를 망각하고 가진 돈을 다 써버린 노동자들은 결국 저축하지 않은 것을 후회하게 되었다. 하지만 다시 돈이 생기면 언제 그랬냐는 듯 흥청망청 써버리기 일쑤였다.

산업혁명 시기의 영국 vs 21세기의 한국

생각해보면 그가 《검약론》을 쓸 당시 영국의 모습과 현재 우리의 모습은 너무나도 비슷한 점이 많다. 우리나라는 경제규모만 봤을 때 세계 8위에 해당하는 상당히 부유한 국가이다. 높아진 국가경제 위상만큼이나, 아니 그 이상으로 명품 소비도 늘고 있다. 자동차, 의류, 그리고 주류에 이르기까지 다양한 해외 유명 브랜드들이 앞다퉈 한국시장을 공략하고 있고, 한국이 그들 사업에서 차지하는 위상은 점점 높아지고 있다. 또 해외로 여행을 떠나는 사람들의 수와 그들이 해외에서 소비하는 수준은 매년 최고치를 경신하고 있다. 국가와 더불어 국민들도 점점 부자가 되는 것 같다. 과연 정말 그럴까?

우리는 소비수준만 놓고 봤을 때 역사상 그 어떤 시절보다도 풍족한 생활을 하고 있다. 불과 부모님 세대만 하더라도 먹고사는 문제를 해결하는 일이 지상 최대의 과제였지만, 이제는 단순히 먹고사는 문제로 고민하는 사람은 별로 없다. 너도나도 먹고살기 힘들었던 시절에는 절대적 빈곤을 극복하는 것이 가장 큰 목표였다면, 이제 웬만큼 먹고살만해진 요즘에는 남보다 더 잘 살아야 한다는 '상대적 빈곤'을 넘어서는 것이 핵심이 되었다. 특히 페이스북이나 블로그, 그리고 다양한 형태의 SNS를 통해 실시간으로 타인의 삶을 볼 수 있게 되면서 남들에게 보여주기 위한 소비가 점점 늘어나는 추세다. 그러다 보니 본인의 생활수준은 고려하지 않은 채 단순히 남들을 따라 하기 식의 소비가 많이 늘고 있다. 지금은 우리가 이렇게 풍족하게 쓸 수 있지만, 이를 죽을 때까지 유지하고 살 수 있을까?

단순히 호황과 불황이 교대로 오는 문제가 아니다. 불황은 참고 견디다 보면 지나가기 마련이다. 그러나 늘어난 수명만큼 소득 없이 살아야 하는 기간이 늘어나고 있다는 사실은 오히려 불황보다도 더욱 심각한 문제이다. 상황이 이런데도 이를 대비하는 사람은 극히 적다. 시대가 변했음에도 산업혁명 시기 영국 노동자들의 모습과 지금 우리의 모습이 놀랄 만큼 비슷한 것 같다.

검약에는 훈련이 필요하다

새무얼 스마일즈는 "검약이란 쉽게 말해 버는 것보다 적게 쓰는 것"이라고 했다. 돈을 모으기만 하고 쓰지 말라는 것이 아니라, 꼭 필요한 곳에 제대로 쓰라는 것이 바로 검약의 핵심이다. 검약을 실천하기 위해서는 자기 훈련이 필요하다. 훈련을 통해 무절제와 방탕으로부터 자신을 보호할 수 있고, 자신의 '돈에 대한 그릇'을 완성할 수 있다. 훈련의 정도에 따라 사람마다 돈을 담을 수 있는 그릇의 크기가 달라진다. 그릇의 크기가 중요한 이유는 아무리 많은 돈을 벌더라도 결국 자기 그릇에 담을 수 있는 만큼의 돈만 남기 때문이다. 호수에 물이 아무리 많아도 자신이 가져갈 수 있는 물의 양은 자신이 어떤 그릇을 가졌느냐에 달려 있다. 우리는 종종 거액의 복권에 당첨되었다가 가산을 탕진하고 오히려 예전보다 못한 삶을 살고 있는 사람들의 이야기를 접한다. 보통 사람은 상상조차 하지 못하는 만큼의 큰 부를 손에 쥐고도 이를 모두 탕진해버린 것은 그 사람의 그릇 크기가 애초에 작았던 탓이다.

그럼 우리가 검약을 실천하기 위해서는 어떻게 해야 할까? 새무얼 스마일즈는 검약을 실천하는 방법으로 다음과 같은 세 가지 원칙을 제시했다.

첫째, 버는 것보다 적게 소비하라
둘째, 현금으로 지불하고 어떤 이유로든 빚을 지지 마라
셋째, 불확실한 이익을 기대하여 돈을 쓰지 마라

여러분은 이 세 가지 원칙에 얼마나 부응하는 생활을 하고 있다고 생각하는가? 간혹 아껴 쓰고 절약하라고 하면 구두쇠를 연상하는 사람들도 있을 것이다. 그렇지만 아껴 쓰라고 했다고 해서 구두쇠가 되라는 의미는 절대 아니다. 오히려 쓸 때는 써야 한다. 이에 대해 스마일즈는 "구두쇠가 되지 말고 절약가가 되라. 구두쇠와 절약가는 모두 적게 쓰고 많이 모은다는 점에서는 동일하지만, 구두쇠는 탐욕스러운 목적으로 돈을 모으고 절약가는 경제적인 목적으로 돈을 모은다. 구두쇠는 늘어나는 부 자체를 통해서 행복을 느끼지만 절약가는 자신과 가족의 행복을 위한 수단으로써 돈을 모은다"고 했다. 이와 더불어 "근검절약은 고통이 따른 미덕이 아니다. 오히려 우리로 하여금 불명예스런 실수를 피하게 해준다. 근검절약하려면 우리 자신을 억제해야 하지만, 그렇다고 적절한 즐거움까지 삼갈 필요는 없다. 오히려 무절

제와 방탕이 우리에게서 앗아가는 순수한 즐거움을 선사해준다"고 말했다.

결국 필자의 고객과 직장 동료들의 운명을 가른 것은 검약을 실천했느냐 아니냐의 차이였다. 사람들은 세월이 변함에 따라 새로운 진리가 존재한다고 믿는다. 하지만 시대가 변해도 변치 않는 진리가 존재한다. 비록 겉모습은 변할지도 모르나 인간 삶의 본질은 항상 똑같기 때문이다. 즉, 시대를 관통하는 진리가 존재하는 것이다. 부자가 되는 핵심은 절약과 저축이다. 투자는 절약과 저축이 든든한 밑바탕이 되어줄 때 부자가 되는 속도를 좀 더 높여줄 뿐이다. 단순히 돈을 아낀다는 차원에서 벗어나 검약을 생활화함으로써 스스로를 다스리는 법을 배우는 기회로 활용한다면 구두쇠가 아니라 우리가 원하는 행복한 부자가 될 수 있을 것이다.

4. 공짜는 없다

무언가 사려고 열광하지 않는 것이 수입을 보존하는 길이다.
– 마르쿠스 틀리우스 키케로

옛날 어느 현명한 왕이 현자들을 한자리에 모아 놓고, 후세에 남길 수 있는 세기의 지혜를 다 묶어 책으로 만들라고 했다. 그래서 현자들은 오랜 세월 동안 연구를 계속했다. 결국 그들은 12권의 책을 만들어 왕에게 바쳤다. 왕은 그 12권의 책을 보고 이렇게 말했다. "여러분, 이것은 분명히 세기의 지혜가 담긴 책이지만 분량이 너무 많소. 사람들이 읽지 않으면 소용이 없으니 간략하게 줄이도록 하시오." 명령을 받은 현자들은 오랜 고심 끝에 한 권의 책으로 줄였다. 그러나 왕은 그 책을 다시 줄이라고 했다. 현자들은 한 권의 책을 하나의 장으로, 그리고 그것을 다시 하나의 문장으로 바꾸었다. 왕이 그 하나의 문장을 보고 매우 기뻐하며 이렇게 말했다. "이것이 바로 세기의 지혜요. 모든 사람이 이것을 배우면 거의 모든 문제가 해결될 것이오." 후세에 물려 주기 위해 만든 세기의 지혜는 바로 이것이었다. '공짜는 없다!(이명수, 《오아시스》, 아름다운 날, 2004 참조)'

"공짜라면 양잿물이라도 먹는다"는 속담에서 알 수 있듯 세상에 공짜를 마다할 사람은 없다. 특히 요즘같이 경기가 불황일수록 공짜에 대한 관심은 더욱 높아지게 마련이다. 기업에서는 사람들의 이런 심리를 이용하여 활발하게 공짜 마케팅을 벌이고 있다. 약정을 맺고 정해진 요금제를 가입하는 사람에게 비싼 스마트폰을 공짜로 주거나 방송, 인터넷, 그리고 집전화를 묶은 통신결합 상품을 선택하는 사람에게 오히려 돈을 돌려주기까지 한다. 인터넷상에선 반값 할인을 내걸고 소셜커머스 업체들이 우후죽순으로 생겨나고 있다. 실제로 잘만 뒤져보면 싼 가격에 살 수 있는 물건이 정말 많다. 그런데 이렇게 공짜 혹은 덤으로 받은 물건들로 가계 살림은 좀 나아졌을까?

기업은 이윤을 추구하는 집단이다. 자선단체가 아닌 이상 이유 없이 고객에게 공짜 혜택을 줄 리 없다. 만약 고객에게 100원의 혜택을 제공했다면 그 이상의 금액을 고객의 주머니에서 가져올 수 있다는 확신이 들었기 때문에 과감히 투자하는 것이다.

왜 공짜를 조심해야 하는가?

첫째, 공짜로 받은 물건은 결국 우리가 할부로 물건을 산 것과 다름없다. 공짜 마케팅의 핵심은 "먼저 주고 나중에 받자"이다. 공짜로 스마트폰을 받은 대신 약정기간 동안 비싼 요금제를 써야 한다. 통신결합 상품도 마찬가지다. 물건 대신 현금을 받았다는 차이가 있을 뿐 비싼 요금제를 사용해야 한다는 점은 매한가지다. 즉, 공짜라는 이름으로 우리를 현혹시킨 다음 할부로 물건을 판 것에 불과하다.

둘째, 싸다는 이유만으로 구매하는 것은 오히려 낭비를 조장한다. 평소에 사려고 눈여겨보던 물건이 마침 싸게 나왔다면 소셜커머스를 이용하는 편이 합리적일 것이다. 하지만 단지 싸다는 이유만으로 이것 저것 사다 보면 가랑비에 옷 젖는 줄 모르는 사태가 발생할지도 모른다. 뿐만 아니라 공짜라는 생각에 제값 주고 산 물건보다 헤프게 써서 금방 다시 구매해야 하는 일이 생길 수 있다.

마지막으로 공짜라는 말에 현혹되어 필요 없는 물건을 사게 되는 경우도 있다. 대형마트에서는 종종 일정 금액 이상 구매한 고객에게 상품권을 지급하는 행사를 한다. 만약 9만 원 정도 장을 본 사람이 10만 원 이상 구매한 고객에게 만 원짜리 상품권을 준다는 광고를 봤다면 어떻게 할까? 아마 급하게 주변에 있는 물건을 사거나, 살까 말까 고민했던 물건을 사기 위해 달려갈 것이다. 그리고 10만 원어치 물건을 사면서 만 원을 벌었다는 생각에 뿌듯해할지도 모른다. 공짜 상품권을 받기 위해 필요하지도 않은 물건을 산 돈은 버려지는 것과 다름없는데 말이다.

러시아 속담 중에 "공짜 치즈는 쥐덫 위에만 있다"라는 말이 있다. 공짜라고 너무 좋아하지 말자. 처음엔 공짜지만 결국 받은 것 이상의 비용을 지불해야 할지도 모른다. 공짜를 합리적으로 이용할 줄 아는 사람이라면 우연히 지나가다 공짜에 현혹되어 물건을 사는 대신 치밀한 계획을 세워 충분히 따져보고 구매할 것이다.

5. 잘 사는(Buy) 것이 잘 사는(Live) 것이다

언제 지출하고 언제 아껴야 하며 언제 사야 하는지 아는 사람은 결코 굶
주리지 않는다. 작다고 무시하는 사람은 그 작은 것에 의해 멸망한다.
– 솔로몬

현대 사회를 가리켜 소비사회라 한다. 소비사회에서 살아남으려면
반드시 무언가를 소비해야만 한다. 자급자족을 한다는 것은 꿈도 꿀
수 없다. 그러다 보니 어떻게 소비하느냐에 따라 삶의 질이 달라질 수
도 있다. 인생을 산다(Live)는 것은 결국 무언가를 사는(Buy) 것의 연속
이기 때문이다. 소비사회에서 인간은 소비를 통해 자신과 타인을 구분
하고, 이를 통해 사회적 지위까지도 인정받을 수 있다. 그렇기 때문에
우리는 어떻게 쓸 것인가에 대해 더욱더 많은 고민이 필요하다.

그럼 소비를 잘하기 위해서는 열심히 돈을 벌면 다 되는 것일까. 원
하는 것을 언제 어디서든 쉽게 구할 수만 있다면 그게 바로 잘 쓰는 방
법이 아닐까? 그러나 아쉽게도 아무리 소비사회라 하더라도 돈으로
살 수 있는 행복이라는 상품은 세상에 존재하지 않는다. 소비수준에
따라 자신의 사회적 신분은 보여줄 수 있을지 몰라도 그에 따른 만족
감은 천차만별일 수밖에 없다. 단지 돈이 많다는 것은 원하는 것을 쉽

게 살 수 있다는 것을 의미할 뿐, 지불한 가격에 따라 만족감도 함께 올라간다는 것을 의미하지 않는다. 오히려 쉽게 살 수 있는 만큼 소비를 통해 얻을 수 있는 만족의 크기는 감소하게 된다. 쉽게 얻은 물건에 그만큼 쉽게 질리기 때문이다. 지금 우리는 그 어느 세대보다도 많은 것을 소비하는 세대임에 분명하다. 하지만 가장 많이 소비하는 만큼 가장 만족감이 높다거나 행복한 세대라고 할 수 있을까? 솔직히 우리는 더 많이 소비함에도 불구하고 삶의 만족도는 그 어느 세대보다 낮은 시대에 살고 있다.

'어떻게 모을까?'가 아니라 '어떻게 쓸까?'에 대한 고민이 먼저다

더 많이 소비함에도 불구하고 만족도가 낮아진 이유는 우리가 지금까지 '어떻게 모을까'에 대한 고민은 해봤어도 '어떻게 쓸까'에 대한 고민은 별로 해 본적이 없었기 때문이다. 사실 어떻게 쓰는 것이 중요한지 이야기하는 사람도 드물었을 뿐만 아니라 이런 고민에 대해 "김칫국부터 마신다"며 폄하하기 일쑤였다. 부자가 된다는 것은 원하는 것을 모두 소비할 수 있다는 의미로 받아들인 탓에 굳이 어떻게 쓸지 고민하는 것은 필요 없다고 생각했다.

안타깝게도 우리는 만족감을 주는 소비에 대해서 잘 모른다. 많은 것을 가지고 있다는 사실만으로 우리는 절대 행복을 느낄 수 없다. 물건을 사는 순간에는 커다란 만족감과 행복감을 느낄지 몰라도 소비 자체를 통해 얻은 행복감은 그리 오래가지 않는다. 소비를 통한 만족감은 쾌락과도 같다. 그런데 쾌락은 적응기간이 무척이나 빠르다. 그렇기 때문에 새로운 무언가를 계속해서 찾을 수밖에 없다. 새로운 핸드폰을 구입함으로 얻었던 행복감은 금세 사라지고 이내 다른 것을 찾게되는 것이다. 그 대상은 노트북이 될 수도, 시계가 될 수도 있다. 그러다 보면 소비의 악순환에 빠져 점점 불행해질 수 있다. 게다가 소비의 악순환에 빠지게 되면 소비의 수준이 높아져 더 많은 돈이 필요하다는 문제가 생기게 마련이다. 한번 높아진 소비수준은 좀처럼 낮아지지 않기 때문이다.

이러한 문제로부터 벗어나기 위해서는 이제라도 어떻게 소비할 것인가에 대한 고민을 시작해야 한다. 지금 우리가 사는 사회는 누구나 부자가 되기를 꿈꾸지만 오직 소수의 사람들만이 부자가 될 수 있다. 뿐만 아니라 소득은 좀처럼 늘어날 조짐이 보이지 않고, 대출이라는 금융의 힘을 이용하여 미래의 소득까지 모두 끌어다 쓴 상황에 놓여 있다. 더 이상 원하는 만큼 소비를 할 수도 없는 상태에 이르게 된 것이다. 이럴 때일수록 낭비를 줄이고 보다 합리적으로 소비함으로써 적은 금액으로 최대의 만족을 얻을 수 있는 소비습관을 길러야 한다. 이를 위해서 필요한 것이 바로 어떻게 쓸 것인가에 대한 계획이다. 어떻게 소비할지에 대한 계획을 통해 우리는 새무얼 스마일즈가 제시한 검약을 실천하기 위한 세 가지 방법을 잘 이행할 수도 있다.

적은 금액으로 소비하더라도 높은 만족도를 얻을 수 있는 방법으로 다음의 세 가지 방법을 제시할까 한다.

첫째, 가계부를 써라
둘째, 현금으로 소비하라

셋째, 충동구매로부터 벗어나라

    계획적인 소비를 위해 선행되어야 할 것은 본인의 수입과 지출에 대한 명확한 인식이다. 그래서 필요한 것이 바로 가계부를 써보는 것이다. 본인의 수입과 지출을 정확히 알아야 비로소 현금으로 소비할 수 있고, 충동구매로부터 벗어나는 것이 가능해진다. 이 세 가지 방법을 통해 자연스럽게 소비에 대해 더 많이 고민하게 되고, 그 결과 제한된 범위 내에서 최대 만족을 추구할 수 있는 방법을 터득하게 될 것이다.

6. 가계부, 왜 써야 할까?

계획을 세우지 않는 목표는 한낱 꿈에 불과하다.
- 앙투안 드 생텍쥐페리

예전에 마트에서 계산을 하려고 기다리고 있는데 앞에 계신 한 분이 카드 한도초과로 결제가 안 된 경우가 있었다. 이 카드 저 카드를 내밀다 결국엔 무사히 결제가 되었지만 아주머니 얼굴에 살짝 홍조가 띠었다. 아마 이 글을 읽고 계신 분들 중에서도 한 번쯤은 카드 한도초과로 곤란했던 적이 있을 거라 생각된다. 카드를 사용하기 시작하면서 우리는 수입과 지출에 맞춰서 생활해야 하는 불편함에서 해방될 수 있었다. 하지만 그 편리함이 우리로 하여금 수입과 지출에 대한 개념 또한 희미하게 만들었다. 혹시 지난달 가계에서 총 지출한 금액이 얼마인지 알고 있는가? 아마 대부분은 지난달 수입이 얼마고, 지출이 얼마인지 잘 모를 것이다. 사람들은 급여가 들어와도 손에 남는 건 하나도 없다고 불평한다. 돈이 통장에 들어오자마자 로그아웃 했다는 우스갯소리도 있다. 그런데 정작 본인이 한 달에 얼마 정도를 어떻게 쓰고 있는지에 대해서는 별로 관심이 없다. 단지 청구된 신용카드 이용명세서를 보고선 이번 달 본인의 소비수준을 가늠해볼 따름이다.

가계부를 쓰면 달라질까?

가계부는 돈이 들어오고 나가는 것에 대한 기록을 남기는 장부다. 단순히 가계부를 쓴다고 해서 지출이 줄어들거나 돈이 들어오고 나가는 것에 대한 명확한 인식이 생기는 것은 아니다. 기록을 남겼다는 것은 있는 사실에 대한 열거에 불과하기 때문이다. 솔직히 가계부를 쓴다는 것은 대단한 노력을 필요로 한다. 일단 매일 써야 하므로 부지런해야 한다. 게다가 돈을 쓸 때마다 기록을 남겨야 해서 틈틈이 메모를 한다거나 매일 자신이 쓴 것에 대한 기억을 되새김질할 필요가 있다. 모든 것이 술술 잘 풀리면 문제가 없겠지만 가끔은 아무리 머리를 쥐어짜내도 생각이 안 나는 경우도 있다. 이럴 때는 시간도 많이 잡아먹게 되고 스트레스도 받게 될 것이다. 이렇듯 상당히 부담이 되는 작업임에도 불구하고 가계부를 쓰는 사람 대다수는 기록하는 정도에 그치고 만다. 그러면 들인 노력에 비해 얻는 것이 극히 적을 수밖에 없다. 가계부를 통한 변화를 이끌어내기 위해서는 어떤 것이 필요할까? 바로 분석과 반성이다.

소비는 습관이다. 한번 몸에 밴 습관은 무의식적으로 나타나게 된다. 소비도 마찬가지다. 물론 소비하고자 하는 금액의 단위가 커지면 달라질 수도 있으나, 대다수의 사람들은 큰 고민 없이 소비하고 금방 잊어버리게 된다. 그러니 대체 돈을 어디다 썼는지 모르겠다고 하소연하는 사람이 많은 것이다. 본인이 다 썼는데 본인은 그렇게 쓴 적이 없다고 한다. 그럼 그 돈은 누가 다 쓴 걸까?

습관은 본인 스스로 인식하기도 하지만 자기 자신은 모르는 경우가 더 많다. 이런 경우 제3자를 통해서야 비로소 본인의 습관을 인지하게 되는데, 잘못된 소비습관을 알려주는 것이 바로 가계부이다. 앞에서도 말했듯이 가계부를 쓴다고 저절로 소비습관을 알 수 있는 것은 아니다. 반드시 분석의 단계를 거쳐야만 한다. 한 달 동안 기록한 내용을 살펴보면서 고민의 시간을 가져야 한다. 분석의 단계를 통해 본인의 현금 유출입에 대한 감을 잡는 동시에 잘못된 소비습관을 찾아야 한다. 잘못된 소비습관은 반드시 낭비를 조장하기 때문이다.

밥값보다 커피값이 더 많이 나오는 사람, 대중교통을 이용할 수 있음에도 자가용을 끌고 다니거나 택시를 타고 다니는 사람, 물건을 사고 한 번도 사용하지 않은 채 집 안 어딘가에 방치된 상태로 놔두는 사람, 식비나 술값이 과도하게 나오는 사람 등 찾아보면 낭비의 형태도 천차만별일 것이다. 사소한 금액이라도 절대 무시하면 안 된다. 만약 매일 마시는 커피 한 잔 가격인 4천 원을 아낀다면 한 달이면 12만 원을 아낄 수 있고, 이를 30년간 6% 수익률의 상품에 투자한다면 1억 3천만 원이라는 거금을 모을 수 있다.

가계부를 분석해봄으로써 낭비요인을 찾았다면, 이제는 자신의 소비습관에 대한 반성의 시간이 필요하다. 반성은 스스로 무언가 잘못됐다고 인정하고 이를 바꿔야 한다는 필요성을 인식하는 것이다. 반성이 수반되지 않는 변화는 없다. 분석만 하고 이를 바꾸려는 노력이 없다면 아무런 가치도 얻지 못한다. 반성을 통해서만 변화하려는 노력을 더욱더 강화할 수 있다. 잘못된 소비습관을 한 번에 없애는 것이 힘들다면 점진적으로 소비 횟수를 줄이거나 가격이 저렴한 새로운 대체재를 찾아내야 한다. 분석이 문제의 원인을 발견하는 단계였다면, 반성은 문제에 대한 해결책을 제시하는 단계이다.

가계부, 딱 3개월만 써보자

가계부를 쓰기로 마음먹었다면 최소 3개월을 써보자. 3개월이라는 기간을 미리 설정해두는 이유는 첫째, 3개월이라는 한시적인 기간이 가계부를 쓰면서 느끼게 되는 귀찮음, 부담감 등과 같은 부정적인 감정을 극복하는 데 도움이 되기 때문이다. 만약 3개월의 기간을 설정해두지 않는다면 쓰다가 쉽게 포기할 수 있을 것이다. 하지만 기간을 설정함으로써 해보자는 의지를 다소 높일 수 있다. 목표를 세우고 이를 잘 실천하는 사람들의 특징을 살펴보면 하나의 거대한 목표를 세우기보다는 그 목표를 이루기 위한 세부 목표를 여러 개 만들고, 각각의 목표에 대한 기간을 짧게 유지한다는 점을 알 수 있다.

둘째, 가계부를 통한 변화를 이끌어낼 수 있는 최소한의 기간이 바로 3개월이다. 'Plan → Do → See'라는 말이 있다. 경영학에서 많이 나오는 말인데 목표를 달성하기 위해서는 일단 계획을 세우고(Plan), 실행하고(Do), 실행한 것을 점검하여(See) 개선해야 한다는 것이다. 가계부를 쓰는 첫 번째 달에는 자신의 문제점을 분석하고 이를 개선하기 위한 계획을 세운다. 두 번째 달에는 계획이 잘 실천되고 있는지 살펴보고 문제점이 있다면 이를 수정한다. 세 번째 달에는 수정된 사항을 다시 점검한다.

마지막으로 가계부를 쓰면서 얻을 수 있는 효율성을 극대화하기 위해 3개월의 기간을 설정하는 것이다. 가계부를 오래 쓰다 보면 습관적으로 쓰게 되는 경우가 있다. 3개월을 쓰면서 소기의 목적을 달성하였다면 한동안 가계부 쓰기를 중단하는 것도 괜찮다. 소비는 습관이기 때문에 한번 굳어진 소비패턴은 쉽게 변하지 않는다. 3개월 동안 가계부를 쓰면서 본인의 지출 규모를 파악했다면 향후 소비하는 데 가이드라인이 완성됐다고 볼 수 있다. 혹시 본인의 소비에 뭔가 문제가 있는 것이 아닌가 생각이 든다면 그때 다시 가계부를 꺼내보는 것도 좋은 방법이다.

일단 3개월간 가계부를 써보자. 자신의 수입과 지출을 명확히 파악하고, 지출 규모가 수입보다 과한 것은 아닌지 고민해보자. 만약 수입보다 지출 규모가 너무 과하다 싶으면 줄일 수 있는 요소를 찾아봐야 한다. 그리고 과감히 줄여야 한다. 시간이 지난 뒤에 자신의 상황을 점검하고, 문제가 있다면 가계부를 써보면서 개선할 점을 토대로 다시 계획을 세워 실행한다. 그러다 보면 언젠가는 원하는 목표에 도달할 수 있을 것이다.

7. 현금으로 소비해야 하는 이유

현대인의 행복은 쇼윈도를 들여다보며 쾌감을 느끼거나
현금, 또는 할부금으로 무언가를 구입하는 것에 있는 것 같다.
– 에리히 프롬

만약 지갑에 신용카드가 없다면 우리 생활은 어떨까? 불편한 점이 이만저만 아닐 것이다. 우선 항상 현금을 지갑에 채워둬야 한다는 불편함이 생긴다. 친구들과 기분 좋게 한잔하고 집에 오는 길에 택시비가 없어 집까지 걸어가야만 한다거나, 쇼핑하러 나갔다가 돈이 부족해서 마음에 드는 물건을 사지 못하고 발길을 돌려야 할 수 있다. 현금이 없는 친구에게 돈을 빌려줬다가 받지 못해 벙어리 냉가슴을 앓게 되는 경우도 종종 생길 수 있다. 게다가 거스름돈으로 받은 동전들이 주머니를 무겁게 할 뿐만 아니라 걸을 때마다 소리를 내어 여간 성가시게 굴지도 모른다. 그러고 보면 신용카드는 우리로 하여금 여러 가지 불편함으로부터 해방시켜준 고마운 존재임에 틀림없다.

신용카드의 장점은 이것만이 아니다. 신용카드만 잘 써도 우리는 손쉽게 돈을 벌 수 있다. 꼼꼼한 소비자라면 신용카드별로 주어지는 할인이나 적립으로 물건을 좀 더 싸게 사는 것은 물론 사용할수록 쌓이는 포인트를 나중에 현금으로 돌려받을 것이다. 먼저 쓰고 나중에 지불하기 때문에 그 기간만큼 소비자는 이자소득을 얻을 수 있는데, 만약 무이자 할부를 이용한다면 이자소득은 더욱더 커질 것이다. 국가에서는 신용카드를 많이 쓰면 일정 부분 소득공제 혜택까지 주니 연말정산 때 돌아오는 돈도 쏠쏠하다. 그야말로 신용카드는 돈을 쓰면서 돈을 벌 수 있는 아주 유용한 도구가 아닐 수 없다. 이쯤 되면 현대 사회를 살아가는 합리적인 소비자라면 누구나 신용카드를 사용하는 것이 당연한 것처럼 느껴질 수 있다.

신용카드, 생각을 뒤집어보자

앞에서 살펴본 것처럼 신용카드가 결제수단으로써 가지는 장점은 편리성과 혜택이다. 그런데 잘 따져보면 신용카드로 얻는 혜택보다 잃는 것이 더 많다는 사실을 아는 사람은 별로 없는 것 같다. 신용카드를 사용함으로써 현금으로 물건을 살 때보다 편리해졌지만 씀씀이는 헤퍼졌고, 신용카드를 쓰면 쓸수록 혜택은 쌓여가지만 그만큼 우리의 통장 잔고도 줄어들고 있다. 혜택이 아무리 많다고 해도 물건 하나 덜 사거나 좀 더 저렴한 물건으로 대체한다면 신용카드로 얻을 수 있는 혜택을 챙기고도 남을 것이다. 그나마 신용카드를 쓰면서 각종 혜택을 받으면 다행이지만 이마저도 쉽지 않다. 카드 혜택을 이용하기 위해서는 어떤 조건을 충족해야 하는지, 할인 한도는 얼마나 되는지 알아야 하는데, 이런 것에 무심한 사람이 의외로 많다. 매달 받는 이용명세서를 통해 내가 받은 신용카드 혜택이 얼마나 되는지 체크해보면 좋으련만 사람들 대다수는 별 관심을 갖지 않는다. 이러한 무관심 덕분에 잠자고 있는 신용카드 포인트가 2014년 8월 기준으로 2조 원이 넘는다고 한다.

신용카드는 소비성향을 높인다

대부분의 사람은 현금을 쓸 때와 신용카드를 쓸 때 지출되는 금액이 동일할 것이라고 생각하는데, 일반적으로 현금으로 계산할 때보다 신용카드로 계산할 때 더 많은 금액을 지출하게 된다. 일례로 미국의 한 식당에서 비슷한 금액의 식사비용이 나온 고객들을 결제수단별로 비교해본 결과, 현금으로 지불한 고객은 총 식사비용의 14.95%를 팁으로 준 반면 신용카드로 지불한 고객은 총 식사비용의 16.95%를 팁으로 주었다고 밝혀졌다. 또 다른 연구에서는 동일한 상품을 보여주고 얼마의 가격을 낼 용의가 있는지 물어본 결과, 신용카드 로그가 그려진 상징물을 본 참여자들이 그렇지 않은 참여자들에 비해 더 높은 가격을 낼 용의가 있는 것으로 나타났다. 왜 이런 현상이 일어나는 걸까?

사실 신용카드 회사는 결제를 보다 쉽게 해주기 위해서 존재하는 회사가 아니라 대부업체이다. 쉽게 말해 돈을 빌려주는 회사라는 것이다. 신용카드 회사에서는 물건을 구매한 사람들을 대신해서 판매업자에게 먼저 돈을 주고 나중에 사람들에게 돈을 받는다. 이 과정에서 신용카드 회사는 판매업자에게 수수료를 받는다. 수수료의 형태를 띠긴 하지만, 대출에 대한 이자와도 같다. 차이라면 돈을 빌려 쓴 사람(물건을 구입한 사람)에게 이자를 받는 것이 아니라 판매업자에게 수수료를 받는다는 점이다. 즉, 신용카드 회사는 사람들이 카드를 많이 쓰면 많이 쓸수록 수수료 수입이 늘어나기 때문에 사람들이 더 많이 소비하는 데 자신들의 역량을 집중한다. 신용카드 회사들은 카드혜택을 홍보하는 동시에 각종 매체 특히 TV 광고를 통해 신용카드를 사용하는 다양한 상황을 묘사하며 화려하고 멋진 모습을 연출하는 데 앞장서고 있다. 결국 사람들은 무의식적으로 광고를 보면서 신용카드는 자신의 삶을 좀 더 화려하고 멋지게 만들어줄 수 있는 훌륭한 도구라는 생각을 가지게 된다. 이러한 이미지는 실제로 결제하는 순간에 영향을 미치는데, 신용카드 로고를 본 것만으로도 지불하고자 하는 금액의 액수가 커진 것도 이러한 맥락에서 해석될 수 있다.

　신용카드로 결제하면 내 돈이라는 인식이 약해진다. 내 주머니에서 직접 돈을 세서 지불하는 것이 아니다 보니 돈이라는 개념보다는 그냥 숫자로 인식하는 경향이 강하다. 액수가 크든 작든 신용카드가 알아서 결제해주기 때문에 피부에 와 닿지도 않는다. 자연스럽게 신용카드로 소비를 할 때 가격에 무뎌지게 마련이고, 이는 더 높은 소비성향으로 이어지기 십상이다.

　또한, 신용카드로 결제하는 순간만큼은 실제로 여력이 있든 없든 사람들을 더 부유하게 만들어주는 탓에 더 쉽게 소비하게 만든다. 만약 여러분의 지갑에 돈이 없다면 어떻게 할 것 같은가? 정상적인 경우라면 더 이상의 소비는 불가능할 것이다. 뭔가를 하려고 해도 돈이 없으므로 다음 기회로 미뤄야 할 것이다. 하지만 신용카드를 가지고 있다면 이야기가 달라진다. 신용카드 회사가 부여한 한도만큼 추가로 더 소비할 수 있기 때문이다. 내가 가진 결제 능력과 신용카드 한도가 합쳐지면 어떤 결과가 일어날까?

유명화가의 그림이 경매로 나왔다고 가정해보자. 이 그림을 사기 위해 사람들은 100만 원씩을 가지고 경매에 참여했다. 경매가 시작되자마자 그림의 가격은 100만 원까지 올라갔다. 여기서 문제가 발생하게 된다. 어느 누구도 그 이상의 금액을 외치지 못하고 머뭇거리고 있는데, 누군가 뒷문을 열고 들어와서 모든 사람에게 100만 원씩 나누어준다. 100만 원을 추가로 손에 쥔 사람들은 곧바로 입찰가격을 올렸고, 그림의 가격은 순식간에 200만 원까지 오르게 된다. 신용카드는 뒷문을 열고 들어와서 모든 사람에게 100만 원씩 나누어주는 사람과도 같다. 신용카드를 사용함으로써 자신이 결제할 수 있는 금액이 늘어난 만큼 더 비싼 물건을 살 수 있는 여력이 생긴다. 막상 다음 달에 결제를 할 수 없다면 분할해서 상환해도 되기 때문에 당장 큰 부담이 생기는 것도 아니다. 신용카드 회사에서 부여한 신용한도는 대출과도 같지만 그것마저도 자신의 돈인 것처럼 사람들은 착각하게 되고, 자신의 능력을 과대평가한 나머지 능력보다 더 높은 소비성향을 보이게 된다.

소비에 있어 불편함을 감수하자

낭비를 줄이는 데 가장 큰 적은 앞에서 설명한 바와 같이 신용카드이다. 먼저 쓰고 나중에 갚는 신용카드 방식은 합리적인 소비를 위해 필요한 계획적인 소비와 거리가 있다. 따라서 신용카드 대신에 현금을 사용해야 한다. 현금은 현재의 보유자산 내에서 합리적인 소비를 돕는 가장 훌륭한 '심리학적' 지불수단이기 때문이다.

신용카드는 결제할 때와 돈이 통장에서 빠져나가는 시점의 차이로 내 돈을 쓴다는 인식을 상대적으로 낮춰준다. 2008년 〈실험심리학저널〉에 실린 뉴욕대와 메릴랜드대 공동 연구진의 연구결과에 따르면 현금으로 지불하는 것이 '지출의 고통(pain of paying)'이 가장 크기 때문에 사람들은 현금, 카드, 상품권 중 현금을 사용할 때 가장 조심스러워진다고 한다. 현금을 사용하기 위해서는 자신의 현재 상황에 대한 지속적인 관심이 필요하다. 관심을 통해 자신의 현재 상황을 파악하게 되면 자신의 능력 범위 안에서 소비가 가능하다. 뿐만 아니라 제한된 범위 내에서 소비해야 하므로 스스로 소비계획을 세울 수 있다.

물론 신용카드가 익숙한 사람이라면 당장 현금 위주의 소비로 전환하는 것이 쉽지 않을 것이다. 소비습관을 한순간에 바꾸기란 여간 어려운 일이 아니다. 이를 위해 장기적인 관점에서 저축도 소비의 한 부분이라고 생각하는 습관을 기르는 것이 좋다. 저축을 '현금을 사용한 소비'로 생각해 매달 일정 부분의 고정비로 잉여자금을 모아두는, '역(易)할부 적금'을 만드는 것도 방법이다.

소비에는 식비나 주거비와 같이 주기적으로 발생하는 것도 있는 반면, 자동차나 가전제품처럼 고가의 제품을 구입하거나 여행처럼 비정기적으로 본인의 의사에 의해 발생하는 것도 있다. 후자의 경우 지출해야 하는 규모가 큰 편이라 사전에 계획을 세우고 미리 돈을 모으지 않았다면 신용카드에 의지할 수밖에 없다. 신용카드는 또 다른 형태의 빚이다. 장기할부를 이용하면 큰 부담으로 느껴지지 않을지도 모르나 결국 쌓이면 감당하기 쉽지 않을 것이다. 그래서 필요한 것이 바로 '역(易)할부 적금'이다.

저축을 통해 소비할 경우 다음과 같은 장점이 있다. 첫째, 미래의 소비를 담보로 얻는 즐거움이다. 돈이 쌓이는 통장을 보는 즐거움에, 미래의 소비를 상상하는 즐거움까지 배로 즐길 수 있다. 물론 저축을 통해 생기는 이자는 덤이다. 둘째, 무분별한 소비를 줄일 수 있다. 주머니 속 푼돈이 들고나가는 것은 쉬워도 목돈을 쉽게 쓰기란 어렵다. 저축을 통해 소비하면 꼭 필요한 것인지, 대체품은 없는지 자연스럽게 심사숙고하는 습관을 기르게 될 것이다.

8. 충동구매로부터 벗어나자

돈을 쓰는 방식이 곧 인격이다.
– 새무얼 스마일즈

집안 청소를 하다 보면 쓰지도 않는 물건들 때문에 정리하는 데 애를 먹은 적이 한 번쯤은 있을 것이다. 옷이나 그릇, 심지어 가전제품에 이르기까지 한 번도 쓰지 않는 물건들을 찾아보면 의외로 많다. 버리기는 아깝고 그냥 두자니 자리만 차지해 정리해야 하지만, 정말 독한 마음을 먹지 않는 이상 정리하기가 쉽지 않다. 우리는 왜 잘 쓰지도 않는 물건들을 계속해서 사는 것일까? 그 배경에는 바로 충동적으로 구매하는 습관이 있다.

젊은이들 사이에서 "지름신이 강림하셨다"는 말이 유행처럼 돌던 때가 있었다. 지름신이란 충동적으로 물건을 사버린다는 의미의 '지르다'와 '신(God)'의 합성어로, '지름신이 강림하셨다'는 말은 충동적으로 물건을 샀다는 뜻이다. 다들 이런 경험 한두 번은 있을 것이다. 문제는 지름신이 강림하실 때마다 물건을 사게 되면 가정경제에 적신호가 켜진다는 데 있다. 충동적으로 물건을 산 경우 물건을 구매했을 때 얻는 기쁨에 비해 다달이 갚아야 할 카드명세서를 보면서 느끼는 후회가 오래가기 때문에 정신적으로 받는 스트레스도 무시할 수 없다. 충동구매가 심해지면 가족 간의 불화는 물론 도벽이나 살인과 같은 사회적 문제를 야기하기도 한다. 그래서 유럽이나 미국에서는 충동적으로 물건을 사는 사람들을 대상으로 치료나 연구모임을 활발히 하는 한편, 약물치료까지 병행하고 있다.

현대인은 공허함을 채우기 위해 물건을 산다

사람들은 왜 충동구매를 하게 될까? 심리적으로 무언가 부족하다고 느끼기 때문이다. 부족하다고 느끼는 원인으로는 자신감 결여, 애정결핍, 고독감, 우울증 등을 꼽을 수 있다. 사람들은 공허하다고 느끼면 눈에 보이는 물건을 구매함으로써 그 공허함을 채우려고 한다. 하지만 정신적으로 느끼는 공허함을 물건으로 채울 수는 없는 법이다. 순간적으로 공허함이 채워질지는 몰라도 곧 예전의 감정을 그대로 느끼게 될 것이다. 충동적으로 구매를 일삼는 사람들의 경우 자신의 필요(물질적 측면)와 욕구(정신적 측면)를 제대로 구분하지 못하는 탓에 무엇이 부족한지도 잘 구분하지 못한다. 그 결과 정신적인 부분을 채워줘야 할 시기에 오히려 물질적인 것으로 채우려고 드는 것이다.

충동구매를 극복하기 위해서는 물질적 측면과 정신적 측면에서 접근해야 한다. 먼저 물질적 측면에서는 어떤 물건을 사기 전에 미리 계획을 세우는 습관이 필요하다. 최인철 교수는 강연에서 '충동구매'는 있어도 '충동 봉사'는 없다고 했다. 어떤 시기가 임박해서는 생각이 제대로 작동하지 않기 때문에 미리 준비해두지 않으면 계획을 실행하기가 힘들다. 계획 없이 소비하다 보면 충동구매에 빠질 수밖에 없다. 특히 홈쇼핑을 보면서 '마감임박'이라는 문구에 마음이 흔들려 자기도 모르게 전화기를 든다면 더더욱 물건을 사기 전에 미리 계획을 세워보는 연습을 해야 한다.

공허함, 취미생활로 달래보자

정신적 측면에서는 자신의 공허함을 채워줄 뭔가가 필요하다. 정신적 공허함을 채워주는 방법으로 취미생활만 한 것이 없다. 취미생활은 스트레스 해소는 물론 삶의 활력도 제공한다. 취미생활로 자신만을 위한 시간을 갖다 보면 공허했던 내면이 충만하게 차오름을 알 수 있다. 한번 곰곰이 생각해보자. 우리가 일에 쫓겨 하루하루를 바쁘게 살아가면서 정작 나 자신에게는 얼마의 시간을 투자하고 있는지.

소비의 측면에서도 취미생활은 분명 도움이 된다. 호주나 캐나다처럼 레저문화가 발달된 사회에서는 그렇지 않은 곳에 비해 명품소비가 현저히 낮다고 한다. 소비자들의 소비에 따른 행복도를 수치화한 결과 '놀이소비'에 따른 행복도가 가장 높다는 연구조사 결과도 있다.

개인적인 생각으로는 충동구매에서 벗어나기 위해서는 물질적인 측면과 정신적인 측면 모두 접근하는 편이 좋겠지만, 계획을 세워 소비하는 것 때문에 되레 스트레스를 받는다면 먼저 취미생활부터 시작해보자. 일단 내면이 충만해지면 계획을 세워 소비하는 일도 훨씬 수월해질 것이다.

9. 마시멜로 이야기

고통은 지나간다. 오직 아름다움만이 남는다.
- 피에르 오그스트 르누아르

스탠퍼드대 심리학자 월터 미셸 박사는 4세 아이들을 대상으로 마시멜로를 이용하여 다음과 같은 실험을 하였다. 아이들에게 마시멜로를 한 개씩 주면서 선생님이 나갔다 돌아올 때까지 먹지 않고 기다리면 두 개를 주겠다고 이야기했다. 그러고는 마시멜로가 들어 있는 접시를 아이들 앞에 남겨놓고 방에서 나갔다. 아이들은 마시멜로를 먹지 않기 위해서 아예 쳐다보지 않거나 노래를 부르거나 잠들기 위해 노력했다. 하지만 일부 아이들은 선생님이 나가자마자 먹어버렸다. 연구의 일환으로 조사 대상 어린이들이 고등학교를 졸업할 때까지의 성장 과정을 지켜보았다. 15년 후 청소년이 된 아이들을 다시 만났고 1981년 마시멜로 연구결과를 발표했다. 마시멜로를 먹지 않고 오래 참은 아이들은 가정이나 학교에서의 삶이 참지 못한 아이들보다 전반적으로 안정적이었고, 대학입학시험에서도 뛰어난 성취도를 보였다.

우리도 살아가면서 수많은 '마시멜로'와 대면하게 된다. 명품 가방,

유명 브랜드의 옷, 멋진 스포츠카, 첨단 전자기기 등 형태만 다를 뿐 끊임없이 우리의 욕망을 자극하면서 고요한 마음에 돌을 던지고 간다. 이때 번번이 욕망을 참지 못하고 원하는 물건을 기필코 사는 사람이 있는가 하면, 아무리 강력한 유혹이 다가올지라도 잘 극복해내며 흔들리지 않는 사람도 있다. 실험에서는 먹고 싶은 욕망을 참은 아이에게 두 개의 마시멜로를 줌으로써 보상을 해주었지만, 현실에서는 욕망을 참은 대가로 통장의 두둑한 잔고를 갖게 된다. 항상 돈이 부족하다고 생각하는 사람들은 한번 자문해볼 필요가 있다. "버는 돈이 부족한 건가? 아니면 내가 절제를 하지 못하는 건가?"

건강한 삶을 위해서는 자기통제력이 필요하다

자신의 욕망을 이겨내는 것, 즉 자기통제력이 왜 중요할까? 첫째, 자기통제력이 강한 사람일수록 욕망에 흔들리는 자신을 다잡아 올바른 길로 인도할 가능성이 높다. 자기통제력은 순간의 욕망에 반응하기보다 자신의 행동을 조절함으로써 단기적인 만족을 지연시켜 보다 상위목표를 달성하는 능력을 말한다. 요즘과 같은 소비사회일수록 자기통제력이 필요하다. 세상에는 우리의 욕망을 자극하는 마시멜로들이 너무나도 많은 까닭이다. 마시멜로처럼 단것을 많이 먹으면 사람은 비만이 되거나 각종 성인병에 걸릴 확률이 높아진다. 마찬가지로 술, 도박, 쇼핑, 게임, 그리고 인터넷 등 우리의 욕망을 자극하는 것들은 장기적으로 이로운 영향을 주기보다는 해를 끼치는 경우가 대부분이다. 왜냐하면 욕망을 자극하는 것들은 한 번의 체험으로 끝나는 것이 아니라 계속해서 탐닉을 유도하기 때문이다. 즉, 사람을 중독에 걸리게 만든다. 실제로 마시멜로 실험이 있은 지 15년 후 실험에 참여했던 아이들을 추적해본 결과, 유혹을 참지 못한 아이일수록 나중에 비만, 약물 중독, 사회부적응과 같은 문제를 가지고 있는 어른으로 성장할 가능성이 높았다. 반면 어렸을 때부터 자기통제력이 강한 아이일수록 나중에 성공한 삶을 살 가능성이 높았다고 한다.

둘째, 자기통제력은 좋은 습관을 만드는 원동력이다. 몸에 좋은 약은 입에 쓰다고 했다. 좋은 행동일수록 몸에 익숙해지기까지 많은 노력과 시간이 필요하다. 그 오랜 시간 몸에 익을 때까지 지루하리만큼 반복할 수 있게 만드는 힘은 바로 자기통제력이다. 욕구에 대한 적절한 통제와 좋은 습관은 행복한 부자가 되는 지름길과도 같다. 자기통제를 통해 불필요한 낭비를 줄이고, 욕구 수준을 조절하여 과도한 욕심을 부리지 않는 것, 그리고 사소하지만 좋은 습관을 반복함으로써 부를 축적하는 것이야말로 부자가 되는 길이다.

자기통제력은 노력을 통해 강화시킬 수 있다

자기통제력을 기르기 위해서는 어떻게 해야 할까? 자기통제력은 일종의 근육과도 같다. 만약 현재 팔굽혀펴기를 20개 정도 할 수 있는데, 이를 50개까지 늘리고자 한다면 어떻게 해야 할까? 처음에는 자신이 할 수 있는 만큼만 하고, 다음번에 그보다 1개 정도 더 한다. 그다음번에 또 1개를 더하면서 조금씩 개수를 늘린다. 어떤 날은 전날보다 더 적게 하는 날도 있을 것이고, 한동안 아무리 해도 개수가 잘 늘지 않을 때도 있을 것이다. 하지만 꾸준히 한다면 원하는 목표에 도달할 수 있다. 자기통제력도 마찬가지다. 한 번에 확 바꾸려고 하면 절대 안 된다. 실패하더라도 지속적으로 반복하면서 자기통제력을 길러야 한다. 중요한 것은 스스로가 노력하고 있다는 점이다. 실패는 결국 연습의 과정이기 때문이다.

우선 자기 자신과의 사소한 약속을 실천함으로써 자기통제력이라는 근육을 기르는 것이 좋다. '담배를 끊겠다'는 크고 거창한 목표보다 '하루에 몇 개비 이내로 줄이겠다'는 다소 쉬운 목표를 세워보자. 사소한 목표를 성공함으로써 목표 달성에 대한 자신감이 생길 것이다. 이런 자신감은 스스로를 통제할 수 있는 힘을 키워주는 밑거름이 된다.

더불어 처음부터 자신을 시험에 들게 하는 일이 없도록 주변 상황을 정리한다. 홈쇼핑 채널을 보면서 너무 쉽게 물건을 사는 사람이라면 케이블 방송을 끊는 것이다. 낭비가 심한 사람은 신용카드를 없애고 필요한 만큼 현금을 가지고 다니거나 체크카드를 사용해본다. 처음에는 상당히 어색하고 불편할지는 몰라도 이보다 좋은 방법도 없다.

마지막으로 자신의 욕구에 대해 관심을 가져본다. 앞서 '충동구매에서 벗어나자'에서도 이야기한 내용인데, 실제로 중요한 내용인 만큼 한 번 더 언급해보겠다. 욕구가 제대로 충족되지 않다 보면 과소비나 폭식 등의 형태로 분출될 수 있다. "아니 땐 굴뚝에 연기날까"라는 속담처럼 모든 현상에는 원인과 결과가 존재한다. 원인과 결과가 한눈에 딱 보이는 경우도 있겠지만 그렇지 않은 경우도 많다. 특히 우리 마음과 관련된 문제들일수록 원인과 결과를 한눈에 파악하기란 여간 어려운 일이 아니다. 자신이 유혹에 너무 쉽게 빠진다면 자신의 욕구에 대해 고민하는 시간을 갖는 것이 좋다. 만약 스스로 답을 찾는 것이 어렵다면 전문가와 상의하는 것도 한 방법이다.

셋째

이자보다 저축액

금리는 돈에 대한 가격이다. 수요와 공급에 의해 가격이 결정되는 것처럼 돈에 대한 수요가 늘어날 때는 금리가 오른다. 너도나도 돈을 빌려 쓰고 싶지만 그럴 수 없으니 돈의 값, 즉 금리가 오르는 것이다. 반대로 마땅히 돈을 벌 만한 곳이 없다면 사람들은 돈을 빌려서 투자를 하려고 하지 않을 것이다. 그럼 자연스럽게 금리는 떨어진다.

요즘은 누구나가 다 아는 저금리 시대이다. 돈을 빌리는 사람도 돈을 맡기는 사람도 모두 낮은 이자율을 적용받는다. 돈을 빌리는 사람은 이자율이 낮아 좋겠지만, 은행에 돈을 맡기고 이자로 생활해왔던 사람들은 생활이 점점 어려워질 수밖에 없다.

저금리 시대에는 우리가 알고 있던 복리의 마법이 더 이상 통하지 않는다. 돈은 산꼭대기에서 굴리는 눈덩이와 같아서 일단 어느 정도 규모에 이르면 불어나는 속도가 가히 상상을 초월한다. 아인슈타인은 "우주에서 가장 강력한 것은 복리다!"라고 이야기했을 정도다. 그러나 이런 복리의 효과도 금리가 높을 때나 가능하지 지금 같은 저금리 시대에는 복리의 효과를 보려면 정말 오랜 기간이 걸린다. 예를 들어 1억을 은행에 맡겨두고 2배가 되는 시간을 계산해보자. 이자율이 8%일 때는 9년이 넘는 시간이 필요하다. 이자율이 절반인 4%로 떨어지면 시간은 거의 배로 늘어나고, 2%라면 36년 정도가 필요하다. 여기에 절반인 1%까지 이자율이 떨어진다면 그 시간은 무려 70년이나 필요하다. 저금리 시대에 복리의 효과를 몸소 체험하기엔 우리의 인생이 너무 짧다.

따라서 저금리 시대에는 금리보다는 저축액 자체를 늘리는 데 집중해야 한다. 현재 1억 원이 있다고 가정해보자. 2015년 12월 정기예금의 금리가 대략 1.8% 정도 된다. 1억 원에 대한 이자를 매월 받는다고 한다면 매월 15만 원(1억 원×1.8%/12개월)씩 받게 된다. 여기에 세금 15.4%까지 고려한다면 금액은 12만 6,900원으로 더 낮아진다. 이 돈을 한 달 기준인 30일로 나누면 4,230원이 된다. 4,230원이면 우리가 무심코 쓰는 돈의 액수이다. 담배 한 갑의 가격이 4,500원, 스타벅스 아메리카노의 가격이 4,100원, 그리고 택시 기본요금(서울기준)이 3,000원이다. 만약 1억 원이 아니라 1천만 원으로 금액을 낮춘다면 매일 받는 이자는 423원이 된다. 과자 한 봉지가 1,000원 정도 하니 423원으로 마땅히 살 만한 것도 없어 보인다.

저금리 시대에는 조금이라도 이자를 더 주는 곳을 찾기 위해 발품을 팔기보다는 저축액 자체를 늘리는 편이 이득이다. 금리가 낮을 때 금리 차이는 커봐야 0.1~0.2%에 불과하다. 1.8%인 이자율을 2배로 높이고 싶다면 부족한 1.8%에 해당하는 금액을 추가로 적립하자. 꾸준히 한다면 그렇게 부담스러운 금액도 아니다. 자신의 소비패턴을 돌아보고 아낄 수 있는 곳을 찾는다면 가능한 일이다. 조금이라도 이자를 더 받기 위해 자신의 시간과 노력을 투입하는 것보다 자신의 소비패턴을 연구해서 저축액 자체를 늘리는 방법을 찾는 것이 효과 면에서도 훨씬 좋다.

넷째

저금리 시대, 효과적인 적금 활용방법

은행을 대표하는 상품은 예금과 적금이다. 예금과 적금은 최초에 약정한 기간까지 기다리면 원금과 정해진 이자를 받을 수 있는 상품이다. 하지만 차이점도 있다. 예금은 목돈을 한 번에 맡기는 반면 적금은 매월 일정 금액을 입금하여 목돈을 만든다. 예금은 만기까지 변동이 없기 때문에 비교적 이해하기 쉬운데, 적금에 대해서는 모르는 점이 많은 것 같다. 이번에는 적금에 대한 올바른 이해와 저금리 시대에 적금을 활용하는 방법에 대해 알아보도록 하자.

1. 이자가 왜 이리 적어요?

적금이 만기가 되어 찾으러 온 고객 중에는 이자가 생각보다 적다고 실망하는 사람들이 꽤 있다. 이는 예금과 적금의 이자계산 방식의 차이에서 오는 오해 때문인데, 어떠한 차이가 있는지 알아보자. 계산의 편의를 위해 2.4%짜리 1년 정기예금에 600만 원을 가입했다고 가정해보자. 1년 후의 이자는 600만 원에 2.4%를 곱한 14만 4천 원이 된다. 하지만 매월 50만 원씩 적립하여 600만 원을 만드는 적금도 이자가 14만 4천 원일까? 매월 50만 원씩 1년 동안 납입했다면 이자는 14만 4천 원의 절반 정도인 7만 8천 원이 된다. 이자 계산식을 한번 살펴보자.

적금은 회차별로 납입된 금액에 대해서 이자가 계산된다. 1월 1일에 처음 적금을 신규 가입하면서 납입한 금액에 대해서는 1년 치 이자인 2.4%를 모두 준다. 하지만 2월 1일부터는 이자 계산이 좀 달라진다. 2월 1일에 입금한 돈은 만기까지 통장에 11

개월 동안 묶여 있게 되므로 처음 약정된 이자의 11/12을 주는 것이다. 만약 6개월이 지난 시점인 7월 1일에 50만 원을 입금했다면 앞으로 6개월 동안 통장에 묶여 있게 될 것이고, 이자는 2.4%의 절반을 주게 된다. 즉, 적금은 입금 건별로 만기까지의 기간을 감안하여 이자를 지급하기 때문에 우리가 생각하는 이자보다는 적다. 이자율이 동일하다면 적금은 예금의 절반 정도 이자를 받는다고 생각하면 된다.

입금회차	납입일		이자 계산식		만기까지 발생이자
1회차	1월 1일(2016년)	신규	50만 원×2.4%×$\frac{12}{12}$		12,000원
2회차	2월 1일		50만 원×2.4%×$\frac{11}{12}$		11,000원
3회차	3월 1일		50만 원×2.4%×$\frac{10}{12}$		10,000원
4회차	4월 1일		50만 원×2.4%×$\frac{9}{12}$		9,000원
5회차	5월 1일		50만 원×2.4%×$\frac{8}{12}$		8,000원
6회차	6월 1일		50만 원×2.4%×$\frac{7}{12}$		7,000원
7회차	7월 1일		50만 원×2.4%×$\frac{6}{12}$		6,000원
8회차	8월 1일		50만 원×2.4%×$\frac{5}{12}$		5,000원
9회차	9월 1일		50만 원×2.4%×$\frac{4}{12}$		4,000원
10회차	10월 1일		50만 원×2.4%×$\frac{3}{12}$		3,000원
11회차	11월 1일		50만 원×2.4%×$\frac{2}{12}$		2,000원
12회차	12월 1일		50만 원×2.4%×$\frac{1}{12}$		1,000원
	1월 1일(2017년)	만기	원금 600만 원	이자합계	78,000원

은행원이 들려주는 돈 관리 노하우

2. 정기적금? 자유적금?

정기적금은 매월 동일한 금액을 만기까지 입금해야 한다. 반면에 자유적금은 정해진 금액 없이 본인의 상황에 맞춰 입금을 하면 된다. 한 달에 두세 번 입금해도 괜찮고, 만약 상황이 여의치 않아 어느 달에 입금하지 못했더라도 문제없다. 신규 가입할 때 한 번 입금하고 만기까지 더 이상 입금하지 않아도 되는 것이 바로 자유적금이다. 물론 자유적금도 매월 동일한 금액을 자동이체 하는 것이 가능하며, 언제든 자동이체를 해지할 수도 있다.

3. 중간에 돈이 급하게 필요하다면?

적금에 가입하는 것을 주저하게 만드는 가장 큰 이유는 중간에 돈이 급하게 필요할지도 모른다는 걱정 때문이다. 그렇지만 전혀 걱정할 필요가 없다. 적금은 투자형 상품이 아니라 정해진 금리를 받는 상품이다 보니 중간에 해지한다고 해서 원금에 손실이 발생하지 않는다. 게다가 은행에서는 적금을 담보로 대출까지 해주기 때문에, 만약 만기까지의 기간이 얼마 남지 않았다면 적금을 중간에 해지하기보다는 이를 담보로 대출을 받는 것도 고려해볼 만하다. 또 자신의 상황이 나빠져 더는 입금할 수 없다고 해도 걱정할 필요가 없다. 자동이체만 해지하면 되기 때문이다. 끝까지 불입하는 것에 대한 부담으로 적금을 가입하는 데 주저했다면, 이제는 적극적으로 적금에 가입하여 목돈을 만들도록 노력해보자.

저금리 시대 적금 활용방법

받는 이자가 적다고 적금을 무시해서는 절대 안 된다. 저금리 시대에도 적금은 목돈 마련을 위한 좋은 수단으로써 그 역할을 다하고 있다. 돈 관리의 기본은 일단 돈이 놀지 않고 계속해서 일하게 만드는 것이다. 그런 측면에서 봤을 때 소액의 자금을 운용하기에 적금만 한 것이 없다. 더욱이 잘 살펴보면 금리 이외의 다양한 부가적인 혜택과 기능으로 무장한 적금을 찾을 수 있을 것이다. 어떻게 적금을 활용하느냐에 따라 기본적으로 제공되는 적금이자보다 훨씬 많은 금전적인 혜택을 볼수도 있다.

1. 적금에 혜택을 더하다

상품명	특징
S힐링 여행적금	• 예금주 본인 및 동반자 1인(만 2세 미만 제외)에 한해 모두투어에서 판매 중인 제주도 및 국외 패키지 상품을 최대 8% 할인 • 환율우대서비스: 주요통화(USD, JPY, EUR) 70%, 기타통화 40% 할인 (단, 공항점 제외)
11번가 우대적금 (인터넷 전용)	• 11번가 이용실적에 따라 최대 연 8.5%의 리워드 제공 적금금리(최대 연 2.5%) + 제휴 리워드(최대 연 8.5%) = 최대 연 11%
아시아나 트래 블러스 적금 (인터넷 전용)	• 아시아나항공 국제선 항공편 왕복 탑승 시마다 2,000마일 적립 • 적금가입자 전용 하나투어 상담센터에서 여행상품 구입 시, 기본 상품가격 1천 원 당 1.5마일 추가적립 또는 최대 3% 혜택 • 온라인환전 환율우대(70%) 쿠폰 제공(USD, JPY, EUR 전용)

이 상품들은 신한은행에서 판매했던 적금들로 적금이자보다 혜택이 좋은 상품들이다. 이 중에는 2016년 3월 15일 현재 판매되고 있는 상품(S힐링 여행적금)도 있지만, 한시적으로 판매를 해서 더 이상 판매되지 않는 상품(11번가 우대적금, 아시아나 트래블러스 적금)도 있다. 신한은행 상품 이외에 전 은행으로 확장해서 살펴본다면 본인의 니즈에 맞는 적금을 찾을 수 있을 것이다. 이러한 상품들을 잘 이용한다면 적금이자보다 몇 배의 혜택을 챙길 수 있다.

2. 적금에 재미를 더하다 : '역(易)할부 적금'

뭐든 오래하기 위해서는 재미가 있어야 한다. 적금을 통해 재미를 느끼기 위해서는 앞서 '현금으로 소비해야 하는 이유'에서 설명한 것처럼 '역(易)할부 적금'을 활용할 필요가 있다. 모으는 돈이 아닌 소비를 목적으로 하는 적금의 경우 각 적금별로 꼬리표를 달자. 소비를 목적으로 하는 적금은 통장이 아무리 많아도 상관없다. 소비를 하고자 하는 시기에 맞춰 적금 기간과 금액을 다양하게 설정하면 된다. '역(易)할부 적금'을 잘 활용한다면 저축의 즐거움을 알 수 있을 뿐만 아니라 자신의 소비를 줄이는 데도 한몫 단단히 할 것이다.

3. 적금에 기능을 더하다 : 청약통장

저축의 기능에 신규 아파트를 분양받을 수 있는 청약의 기능이 합쳐진 통장이 있다. 바로 주택청약종합저축이다. 주택청약종합저축은 기존의 청약 저축과 예금, 그리고 부금의 기능이 모두 합쳐진 통장으로 2년 이상 유지 시 2%(2016년 3월 16일 기준)의 높은 금리를 받을 수 있는 상품이다.

　– 아파트 청약 1순위 조건

아파트 청약 1순위가 되기 위해서는 다음과 같은 조건을 충족해야 한다.

	국민주택 등 청약	민영주택 청약
청약가능 통장	청약저축, 주택청약종합저축	청약예금, 청약부금, 주택청약종합저축
공급대상	1세대 1주택 기준으로 무주택 세대구성원	만 19세 이상인 자에게 1인 1주택 기준
청약통장 순위	1순위 수도권 : 1년 경과 & 12회차 이상 수도권 외 : 6개월 경과 & 6회차 이상 2순위 : 1순위 아닌 자	1순위 수도권 : 1년 경과 & 지역별예치금 수도권 외 : 6개월 경과 & 지역별예치금 2순위 : 1순위 아닌 자
	* 순위 산정 시 매월 약정납입일에 월납입을 기준으로 하며, 약정납입일보다 늦게 불입하여 연체일수가 발생되는 경우 순위 발생일도 지연됨	

– 청약의 기능에 소득공제의 혜택을 더하다

과세연도 총급여액이 7천만 원 이하 근로자인 무주택세대주의 경우 당해년도 불입금액의 40%(연간 240만 원 범위 내 최고 96만 원 한도)를 소득공제 받을 수 있다. 하지만 주택임차차입금상환액에 대한 소득공제(연간 300만 원 한도, 원리금상환액의 40% 범위)를 받는다면 해당공제액과의 합계액이 연 300만 원을 초과할 수 없다. 만약 16.5%(지방소득세 포함)의 세율을 적용받는 연봉 4천만 원인 근로자가 96만 원을 모두 소득공제를 받는다면 15만 8,400원(지방소득세 포함)을 돌려받을 수 있을 것이다.

참고로 소득공제를 받았을 때 주의해야 할 사항이 있다. 소득공제를 받은 자가 가입 후 5년 이내에 해지하거나 국민주택규모(전용면적 85㎡이하)를 초과하는 주택(국민/민영 모두 해당)에 청약하여 당첨된 경우 소득공제 받은 부분을 추징당할 수 있으니 잘 판단하여 신청하는 것이 좋다.

아직도 많은 사람들이 개발도상국 한국에서 돈을 번 방법이 영원할 것처럼 이야기 한다. 과연 지금까지의 방법이 앞으로도 유효할까?

WEALTH(부) :

4

투자의
패러다임을 바꿔라

1. 저성장, 저금리, 고령화가
   새로운 패러다임을 요구하고 있다

실수를 피하기 위한 가장 좋은 방법은 투자를 피하는 것이다.
그러나 그것이야말로 가장 큰 실수다.
– 피터 린치

외국 언론에서 "한강의 기적"이라는 말이 나올 정도로 한국 경제가 두 자릿수 경제성장률을 구가하며 성장하던 시절이 있었다. 그 당시 기업은 투자하기 위한 자금이 늘 부족하다 보니 돈을 빌리면서 높은 이자를 감수해만 했다. 반면에 은행에 돈을 맡긴 예금자들은 두 자릿수의 금리를 받으며 아주 행복해했다. 당연히 일반 대중들에게 최고의 자산증식 수단은 바로 예적금이었다.

그러나 IMF를 경험하면서 상황은 역전되었다. 한국 경제가 점차 저성장 국면에 들어서면서 예금 이자도 덩달아 떨어졌다. 어느 순간 물가상승률을 고려한 실질 이자율이 마이너스인 상태까지 도달하게 되었다. 문제는 이러한 현상이 일시적인 것이 아니라 고착화되고 있다는 점이다. 앞으로 저성장, 저금리 기조는 더욱더 심화될 수밖에 없다. 왜냐하면 우리 사회는 상당히 빠른 속도로 고령화 사회를 지나 초고령화 사회로 달려가고 있기 때문이다. 고령인구가 늘어날수록 사회의 활력은 떨어지게 된다. 떨어진 활력만큼이나 경제성장률은 둔화된다. 돈을 빌려 투자하려는 수요 역시 줄어들게 되고, 이는 금리가 점차 떨어진다는 것을 의미한다. 저성장, 저금리, 그리고 고령화, 이 세 단어는 이제 우리 사회가 거스를 수 없는 거대한 흐름으로 다가오고 있다.

고령화는 저성장, 저금리 문제를 더욱 가속화 시킨다

고령화 시대를 앞둔 한국 사회에 박근혜 정부가 던진 최대 화두는 '증세 없는 복지'였다. 정부는 지하경제를 양성화하여 탈세를 뿌리 뽑고, 조세감면 제도를 정비하여 추가적인 세수를 확보한다면 충분히 가능하다고 이야기하고 있다. 하지만 현실적으로 이러한 주장은 다소 무리가 있어 보인다. 게다가 더 큰 문제는 세금이 부족하다고 해서 복지혜택을 줄이는 방향으로 정책을 바꿀 수도 없다는 데 있다.

한국은 전 세계에서 그 유례를 찾아볼 수 없을 만큼 빠른 속도로 고령화가 진행되고 있다. 그렇지만 이에 대한 준비는 많이 부족한 것이 사실이다. 국민 대다수는 자신의 노후를 국민연금에 의지할 수밖에 없는 상황에 처해 있다. 이런 상황에서 복지의 확충은 국민을 위한 최소한의 안전판을 마련하기 위한 어쩔 수 없는 선택이다. 만약 한국이 예전처럼 고성장이 가능하다면 성장을 통한 세금의 확보도 가능할지 모른다. 하지만 고령화는 전체인구 대비 젊은 세대가 점점 줄어들면서 경제의 활력이 지속적으로 떨어진다는 것을 의미한다. 노인인구 부양에 따른 비용이 증가하면서 보다 생산적인 곳으로 자금이 흘러가지 못하게 된다. 즉, 고령화는 저성장을 수반할 수밖에 없다. 결국 복지확충을 위한 재원 마련을 위해 국채를 발행하여 이를 충당해야 하는데 지속적인 국채의 발행은 결국 금리가 낮아지는 현상으로 이어진다. 고령화는 저성장을 가속화시키고, 저성장은 저금리로 연결될 수밖에 없는 것이다.

세계 최고의 고령사회인 일본의 경우, 저금리가 심화되면서 두 가지 재미난 현상이 발생하고 있다. 하나는 2013년 기준 정기예금 금리 수준이 0.03%로 제로금리에 가깝다 보니, 은행에 돈을 맡기기보다는 집안 금고에 돈을 보관하는 경우가 많다고 한다. 은행까지 가기 위해 발생하는 차비와 은행 수수료 등을 고려해봤을 때, 오히려 은행을 이용하는 것이 손해라는 것이다. 동일본 대지진 때 떠내려 온 주인 없는 금고가 많았던 것은 이에 대한 방증이라 할 수 있다. 다른 하나는 전자와는 정반대의 현상인데, 65세 노인 인구 중에서 위험자산에 투자하는 비중이 점점 늘고 있다는 점이다. 특히 부유한 노인들에게 더 많이 나타나는 현상으로, 100세 장수시대를 스스로 준비하기 위해 어쩔 수 없는 선택이라고 한다. 미국이나 유럽처럼 어느 정도 고령화가 진전된 사회에서는 노인인구의 위험자산 선호현상이 두드러진다. 젊어서는 적극적으로 위험자산에 투자하고, 나이가 들어감에 따라 위험자산의 비중을 줄이고 안전자산으로 옮겨야 한다는 우리의 사고와는 다소 상반된다. 하지만 한정된 자원으로 100세까지 버텨야 한다는 점을 고려해봤을 때 충분히 이해가 되는 대목이기도 하다.

만약 금리가 1% 낮아진다면 얼마나 많은 노후자금이 추가적으로 필요할까? 계산의 편리를 위해 연간 필요한 노후자금을 2천만 원으로 가정해보자. 물론 세금은 여기서 고려하지 않겠다. 만약 5%의 금리 수준이라면 4억 원 정도를 보유하고 있을 때 매년 2천만 원의 노후 자금을 마련할 수 있다. 4%라면 5억 원, 3%라면 6억 7천만 원, 2%라면 10억 원, 그리고 1%라면 20억 원의 자금이 필요하다. 상대적으로 고금리일 때는 금리 1%의 차이가 큰 차이를 만들지 않겠지만, 2%에서 1%로 금리가 떨어진다면 노후의 필요자금은 배가 된다. 일본의 노인들이 위험에도 불구하고 위험자산에 투자를 하는 이유도 바로 여기에 있다.

선진국 문턱을 앞둔 한국, 투자로 큰돈을 버는 시대는 이제 없다

몇 년 전 독일 프랑크푸르트에서 3개월간 근무를 할 수 있던 기회가 있었다. 그 당시에도 재무설계에 관심이 많았던 터라 독일 사람들은 어떻게 자산을 관리하는지 궁금한 점이 많았다. 그래서 현지 직원에게 독일인들의 자산관리 방법에 대해 물어보았다. 자산관리의 역사가 한국에 비해 오래된 만큼 그들만의 독특한 선진 방법이 있을 것이라 기대했던 필자에게 돌아온 대답은 너무나 허무했다. 독일 사람들은 따로 저축을 한다거나 투자를 하지 않는다는 것이었다. 이유는 간단했다. 돈을 벌 만한 것도 없고, 그럴 만한 여유도 없다고 했다. 아니 자본주의 사회에 살면서 기회가 없다고, 여유가 없다고 돈을 모으는 것을 포기하다니 잘 이해되지 않았다. 한국의 소위 전문가라는 사람들이 들었으면 입에 거품을 물고 그렇게 살면 안 된다고 말렸을 것이다. "지금 소득이 부족하더라도 경제적 자유를 달성하는 그날을 생각하며 생활비를 최대한 줄여 부동산이나 주식에 투자해야 한다. 일단 생기는 돈은 주식형 펀드에 투자해서 종잣돈을 최대한 빨리 모아야 한다. 시간이 날 때마다 나가서 현장을 돌아다니고, 경매 공부를 시작해라. 부동산은 절대 큰돈으로 하는 것이 아니니 돈이 좀 모였다고 생각하면 실제로 해봐야 한다." 이 정도 이야기를 하지 않았을까?

하지만 현지 직원의 이야기를 계속 듣다 보니 왜 독일 사람들이 그렇게 사는지 이해가 됐다. 독일은 선진국이다. 선진국을 영어로 써보면 'Developed Country'이다. 참고로 'develop'은 '개발하다'라는 뜻으로 'Developed Country'는 직역해 보면 '개발이 완료된 국가'다. 반면 한국은 아직 선진국의 문턱을 넘지 못했기 때문에 개발도상국이고, 개발도상국은 영어로 'Developing Country'이다. 즉, 개발이 진행 중이라는 의미다. 쉽게 말해 개발이 완료되었으면 선진국, 아직 개발이 진행 중이면 개발도상국인 것이다. 독일은 개발이 완료되고 사회가 안정되면서 투자로 돈을 벌 만한 것이 별로 없다고 한다. 운이 좋아 돈을 벌어도 세금체계가 상당히 꼼꼼하고 구체적이어서 번 돈에서 세금을 내고 나면 수중에 남는 돈도 별로 없다. 직장인의 경우 월급의 1/3 정도는 세금으로 빠져나가고 1/3 정도는 집세를 내고 남은 1/3로 한 달을 생활해야 하는데, 한국처럼 보너스를 받는 것도 아니고 연봉을 정확히 12등분해서 받다 보니 생활에 그리 여유도 없다. 독일 사람들에게 저축의 목적이 있다면 1년에 한 번 여행가서 푹 쉬고 오는 것이라고 한다.

아니 그러면 조금 힘들더라도 돈을 모아서 대출을 끼고 내 집을 장만하면 월급의 1/3을 차지하는 지출도 사라질 것이고, 그러면 그 돈으로 저축을 늘려서 결국 부자가 될 수 있지 않을까? 하지만 독일의 경우, 주택으로 돈을 벌 수 있는 사회가 아니라고 했다. 주택 가격 상승은 상상도 못 할 뿐만 아니라 부동산 보유에 따른 세금이 많고, 세를 주더라도 임차인을 위해 주기적으로 집을 수리해줘야 하기 때문에 대출이자까지 고려한다면 임대를 통해 그리 큰돈을 벌 수 없다고 한다. 그러다 보니 집을 사는 것과 렌트를 하는 것은 전적으로 본인 편의에 의한 선택일 뿐이라고 했다.

이야기를 들으면서 이제는 한국의 사고방식도 바뀌어야 할 때가 되지 않았나 생각했다. 한국은 개발도상국에서 선진국을 향해 달려가고 있다. 큰 이변이 없다면 조만간 선진국 대열에 낄 수 있을 것이다. 개발도상국에서의 한국은 체계가 제대로 잡히지 않은 탓에 주식, 부동산, 그리고 채권 등을 통해 돈을 벌 수 있는 기회가 많았다. 먼저 달려가 그 기회를 잡은 사람들은 부자의 반열에 올랐다. 그러나 선진국 문턱에 다다른 한국에서는 새로운 패러다임이 필요하다. 아직도 많은 사람들이 개발도상국 한국에서 돈을 번 방법이 영원할 것처럼 이야기한다. 과연 지금까지의 방법이 앞으로도 유효할까?

이제 투자로 큰돈을 벌 수 있는 시대는 지나갔다. 성장률은 점점 둔화되고, 부동산 시장은 점점 하향안정화 될 것으로 보인다. 자연히 투자로 벌어들일 수 있는 수익률도 낮아질 수밖에 없다. 또한 정보가 빠른 속도로 확산되다 보니 어디선가 돈을 벌었다는 이야기가 들리면 모두들 그곳을 향해 달려가, 돈을 벌 수 있는 여지도 점차 줄어들고 있다. 투자를 전업으로 하는 사람들도 점점 많아져 주식시장과 부동산 시장에서 이른바 전문가들이 넘쳐나고 있다. 어설프게 책 한 권 읽고 투자의 세계에 뛰어들었다가는 전문가들의 먹잇감이 되기 쉽다.

저성장, 저금리, 고령화를 경험하고 있는 한국, 대안은?

독일이나 일본처럼 복지가 어느 정도 완성된 국가의 국민들이 받아 들이는 저성장, 저금리 그리고 고령화의 위험과 아직 모든 면에서 부족한 우리나라 국민들이 받아들이는 위험은 그 강도에서 상당한 차이가 생길 수밖에 없다. 독일은 국가가 국민들로부터 세금을 많이 거둬들이는 대신 교육이나 의료와 같은 기본적인 서비스를 무상으로 제공하고 있으며, 은퇴 후에는 연금만으로도 생활하는 데 큰 문제가 없도록 해주고 있다. 일본은 고령 부부가 필요로 하는 자금인 24만 엔 중 20만 엔 정도는 사회보장급여로 채울 수 있어 그나마 상황이 나은 편이다. 더욱이 일본 금융자산의 75% 정도는 60세 이상의 노인 세대가 보유하고 있는 상태로, 저금리와 장수에 대한 위험 때문에 허리띠를 졸라맬 뿐이지 그들이 보유한 자산은 상당하다.

그렇다면 국민 대다수가 은퇴 준비가 미약한 우리는 과연 어떻게 해야 할까?

첫째, 금융지식을 늘려야 한다

2015년을 기준으로 봤을 때 대부분의 은행 정기예금 금리(1년 기준)는 2%에도 못 미친다. 그러다 보니 정기예금 금리에 만족하지 못하는 고객들에게 투자상품 중에서도 원금보존추구형 상품들을 안내해주곤 한다. 한번은 나이가 지긋하신 사장님께 원금은 보전되면서 주가지수에 따라 최고 6%의 수익이 나는 ELD 상품에 대해 설명해드렸더니 은행이 점점 도박장이 되는 것 같다며 아쉬워하셨다. 1년 뒤의 주가 수준에 맞춰 수익을 지급해주는 것이 도박과 뭐가 다르냐는 것이었다. 어찌 보면 그분의 말도 전혀 틀린 것은 아니다. 1년 후의 주가, 혹은 환율이 오르느냐 떨어지느냐에 따라 수익이 확정되는 상품과 도박이 과연 어떤 차이가 있을까? 그럼에도 불구하고 확실한 것은 저금리에 만족하지 못하는 소비자들을 위해, 파생상품을 이용한 다양한 상품들이 앞으로 계속해서 더 많이 시장에 쏟아질 것이라는 점이다.

금융과 파생상품의 결합은 거부할 수 없는 커다란 흐름이다. 전통적으로 대출과 이자의 금리차를 이용해서 돈을 벌어온 은행에서도 이제는 투자라는 말이 제법 잘 어울린다. 은행 예적금에 가입하면서 투자를 한다고 이야기하는 사람은 없을 것이다. 이건 투자가 아니다. 그래서 요즘과 같은 시대를 가리켜 저축의 시대를 넘어 투자의 시대로 패러다임이 변하고 있다고 표현한다.

저축의 시대에서 은행은 고객이 맡긴 돈을 안전하게 불려주는 역할을 했다면, 투자의 시대에서 은행은 고객의 투자 조언자 역할을 하고 있다. 그러나 투자의 책임은 언제나 본인에게 있다는 사실을 잊어서는 안 된다. 결국 투자의 시대에는 고객 스스로가 금융지식을 넓혀가야 한다. 은행에서 추천해준다고 높은 금리에 현혹되어 상품에 가입했다가는 원금의 상당 부분을 날리는 일이 발생할지도 모른다. 전문가처럼 상품에 대해 장단점을 꿰뚫어볼 필요는 없겠지만 각 상품의 위험과 기회요인이 무엇인지, 어떤 특징을 가지고 있는지 설명을 듣고 스스로 이해할 수 있는 기본적인 소양은 갖추도록 노력해야 한다.

둘째, 합리적인 기대수익률을 갖자

2008년 금융위기 이전 펀드가 대중적인 인기를 끌 무렵, 우리가 많이 듣던 말 중에 하나가 바로 "하이 리스크 하이 리턴(High Risk, High Return)"이다. 많이 벌기 위해서는 보다 높은 위험을 가진 상품에 가입할 필요가 있다는 말이다. 그 당시 주식투자는 전 국민을 부자로 만들어줄 수 있는 요술상자로 인식되던 시기였다. 대표적인 상품이 바로 펀드였다. 펀드에 대한 인기는 광풍이라고 표현해도 전혀 어색하지 않았다. 덕분에 본인이 사용할 수 있는 대출을 최대한 끌어다 주식이나 펀드에 투자하는 사람들도 심심찮게 볼 수 있었다.

그러나 전 국민이 부자가 된다는 생각도 그리 오래가지 못했다. 금융위기를 거치며 상당수의 펀드들은 큰 손실을 보게 되었고, 대출까지 받아서 투자에 나섰던 사람들 대다수가 결국 원금의 상당부분을 날리고 말았다. 특히 달러가 계속해서 약세로 갈 것을 예상하고 선물환 약정까지 걸어 펀드에 가입했던 사람들은 이후 달러가 강세로 돌변하면서 펀드 손실에, 선물환 손실까지 감수해야 하는 이중고를 겪었다. 이는 전적으로 그동안 높은 수익률에 현혹되어 투자의 위험에 대해서는 간과한 결과였다.

이제는 수익률에 대한 합리적인 수준을 새롭게 정립할 시기이다. 물론 그 합리적인 수준이란 개인마다 다를 것이다. 본인이 감내할 수 있는 위험수준은 저마다 다르기 때문이다. 합리적인 수준의 수익률을 갖기 위해서는 먼저 위험에 대해 알아야 한다. 본인이 원하는 수익률이 높아질수록 더 큰 위험등급의 상품에 투자할 가능성이 높다. 따라서 투자에 앞서 본인이 감내할 수 있는 위험수준을 설정하고, 이에 맞는 상품을 선택해야 한다. 유행에 따라 이 상품에서 저 상품으로 옮겨 다니는 것은 최악의 선택이다. 본인 스스로가 기준을 만들고 그에 적합한 상품을 골라야 한다.

셋째, 자산 전반에 대한 포트폴리오를 만들자

포트폴리오란 원래는 '서류가방' 또는 '자료수집철'을 뜻하는 말이다. 투자에서 포트폴리오란 여러 자산에 분산투자를 함으로써 한 곳에 투자할 때 발생할 수 있는 위험을 줄이고, 동일한 위험 내에서 투자수익을 극대화하기 위한 전략의 일환으로 사용되고 있다.

하지만 이 부분은 개인이 혼자서 하기에는 다소 무리가 있다. 그렇기 때문에 전문가와 상담을 통해 자신에게 맞는 자산 포트폴리오를 만드는 것이 필요하다. 이 부분에 대해서는 좀 더 자세히 이야기할 필요가 있어 다음 편에서 구체적으로 살펴보도록 하겠다. 앞으로 단순한 자산 포트폴리오를 넘어 자산배분 전략이란 무엇이고, 어떻게 하는 것인지 알아보도록 하자.

2. 자산배분 전략

천체의 움직임을 계산할 수 있어도 주식시장에서
인간의 광기는 도저히 계산할 수 없다.
– 아이작 뉴턴

나무에서 떨어지는 사과를 보고 만유인력의 법칙을 발견한 아이작 뉴턴. 인류 역사상 최고의 천재라고 불리는 그도 주식투자로 전 재산의 90% 정도를 날렸다고 한다. 물론 이 당시 주식시장은 합리적인 정보를 바탕으로 한 주식의 평가가 제대로 이루어지지 않은 탓에 비이성적인 정보에 의해 주가가 출렁거리는 경우가 다반사였다. 그래서 전 재산을 날린 뉴턴은 다음과 같은 유명한 말을 남겼다. "천체의 움직임을 계산할 수 있어도 주식 시장에서의 인간의 광기는 도저히 계산할 수 없다." 그로부터 300년이 넘는 시간이 흘렀지만 아직도 주식시장은 비이성적인 측면이 강한 것이 사실이다.

그동안 월스트리트에는 수많은 천재 과학자들이 몰리면서 금융공학이 꽃을 피우게 되었다. 복잡한 수학적인 계산을 통해 기존의 경제학자들이 설명하지 못했던 부분을 밝혀내는 혁혁한 공을 세웠지만 대부분은 비극적인 결말로 끝났다. 그중 대표적인 사건이 '롱텀캐피털매니지먼트(LTCM)'의 파산일 것이다. 파생금융상품 가격이론으로 노벨 경제학상을 수상한 하버드대 교수 출신의 로버트 머튼과 시카고대 교수 출신인 마이런 숄스가 주축이 되어 만든 LTCM은 역사상 최악의 금융사고로 사람들의 기억 속에 남게 되었다. 당대 최고의 석학이라 칭송받던 사람들조차 시장을 예측하고 투자를 했다가 큰 손실을 떠안고 말았다. 블랙 먼데이, 저축대부조합 파산, LTCM의 파산, 아시아 외환위기, 닷컴버블의 붕괴, 그리고 최근에 발생한 금융위기까지 일련의 사건들을 경험하면서 우리는 시장을 예측하려는 인간의 시도는 번번이 실패했으며 결국 파국으로 끝났다는 점을 깨달았다.

왜 이런 일이 발생할까? 주식에는 심리적 요인이 많은 부분을 차지하는데, 문제는 이 심리적 요인이 결코 합리적이지 않다는 데 있다. 헝가리 출신의 전설적인 투자자 앙드레 코스톨라니는 "주식은 돈과 심리의 결합이다"라는 유명한 말을 남겼다. 주식의 기초적인 펀더멘털도 중요하지만, 결국 주식의 흐름은 인간의 심리에 의해 많이 좌우된다는 말이다. 주식시장에는 수많은 전문가가 있다. 그러나 매번 주식시장의 흐름을 맞추는 사람은 거의, 아니 아예 없다. 그나마 현존하는 사람 중에는 워런 버핏이 이에 가장 근접해있을 것이다. 물론 워런 버핏조차 여러 차례의 실패를 경험했다. 워런 버핏은 한 라디오 프로그램에 나와 다음과 같은 흥미로운 이야기를 했다. "증시가 다음 주나 다음 달, 내년에 어떻게 될지는 잘 모른다. 그러나 5년 또는 10년 후라면 주가는 지금보다 더 올라갈 것이다." 투자에 있어서 최고라 칭송받는 워런 버핏마저 주가를 예측하는 것은 힘들다는 것을 인정한 셈이다. 그렇다면 이렇게 비합리적인 주식시장에 투자를 결심한 사람들은 어떻게 해야 할까?

자산배분 전략이 정답이다

주식시장은 종종 조울증에 걸린 환자에 비유된다. 단기적으로 봤을 때 그만큼 변동 폭이 심하다. 이렇게 변덕이 심한 주식시장에서 살아남기 위해서는 주식의 흐름을 예측할 수 있다는 생각을 절대 가져서는 안 된다. 주식시장에 단기적으로 대응하기보다는 장기적인 안목에서 접근할 필요가 있다. 이를 위해 가장 좋은 방법이 바로 자산배분 전략이다.

자산배분 전략이란 위험수준이 서로 다른 다양한 자산을 가지고 포트폴리오를 구성하는 것이다. 예를 들어 자산을 주식과 채권 그리고 대안투자로 나누고, 자신이 보유한 재산의 1/3씩 나눠서 투자하는 것이다. 그리고 주기적으로 그 비중을 1/3로 맞춰준다. 즉, 자신의 자산을 장기적으로 어떤 비중으로 어느 자산에 투자할지를 결정하고, 이를 지켜나가는 것이 자산배분 전략이다. 자산배분을 하게 되면 시장의 변화를 예측해서 자산의 비중을 그때그때 변경해야 하는 수고에서 벗어날 수 있을 뿐만 아니라, 예측의 실패에서 오는 위험을 감소시킬 수 있다. 투자에 나선 사람 대부분이 전업투자자가 아닌 본업이 따로 존재한다는 점을 고려해봤을 때도 자산배분 전략은 투자하기 위해 필요한 시간과 노력을 줄여줌으로써 본업에 충실할 수 있도록 도와준다.

대형 연기금의 자산운용결과를 대상으로 한 연구조사에 따르면 시장예측에 따른 종목선정이나 매매타이밍 등이 전체 수익률에 영향을 미치는 비중은 7%에 불과하다. 하지만 자산배분이 수익률에 미치는 영향은 무려 91%에 다다른다. 결국 자산배분 전략을 어떻게 하느냐에 따라 승패가 좌우된다고 볼 수 있다.

또한, 자산배분 전략은 기계적으로 자산의 비중을 조절하기 때문에 투자하는 데 인간의 감정개입을 최소한으로 만들 수 있다. 우리가 경제학에서 배운 것처럼 가격은 수요와 공급에 의해 항상 적정한 수준을 유지할 수 없다. 가격이 결정되기 위해서는 비이성적인 인간의 심리가 많이 개입되기 때문이다. 오르는 자산은 더 오를 것 같고, 지금이 아니면 이 가격에 살 수 있는 기회가 두 번 다시 오지 않을 거라 생각하는 것이 인간이다. 그러나 가격이 오른다는 것은 그만큼 적정한 수준을 벗어났다는 것을 의미한다. 적정한 수준을 벗어난 만큼 위험의 크기 역시 증가하게 된다. 즉, 오른 만큼 위험도 커진 셈이다. 세상에는 계속 오르기만 하는 자산은 절대 없다. 어느 순간이 지나면 결국 제자리를 찾아오게 마련이다. 하지만 대부분의 사람은 앞에서 언급한 뉴턴처럼 가격이 오를수록 이성을 잃고 더 열광하며 더 많은 주식을 사기 위해 혈안이 된다. 따라서 자산배분 전략이 필요한 것이다.

자산배분 전략 어떻게 실행해야 하나?

자산배분 전략은 투자할 자산을 고르고 그 비중을 결정한 다음 주기적으로 그 비중을 유지하는 것이 중요하다. 이해의 편의를 돕고자 100만 원을 채권과 주식에 50대 50의 비중으로 투자하는 사례를 통해 자산배분 전략의 실행방법에 대해 알아보도록 하자.

처음 자산배분 전략을 실행한 지 1년이 되는 시점에 채권에서는 4%의 수익이, 그리고 주식에서는 20%의 수익이 발생했다고 가정해보자. 각 자산별 평가금액은 채권은 52만 원, 주식은 60만 원으로 전체 자산의 평가금액은 112만 원이 되었다. 이를 다시 50대 50의 비중으로 맞춰주는 것이 자산배분 전략의 핵심이다. 방법은 간단하다. 상대적으로 평가금액이 높은 주식에서 일부 자금을 빼서 채권에 투자하면 된다. 채권과 주식의 투자금액을 각각 56만 원으로 맞추면 채권과 주식의 비중을 50대 50으로 맞출 수 있다.

이번에는 반대로 채권에서 6%의 수익이 났지만, 주식에서는 10%의 손실을 봤다고 가정해보자. 각 자산별 평가금액은 채권 53만 원, 주식 45만 원으로 전체 자산의 평가금액은 98만 원이 되었다. 하나 혹은 두 자산 모두에서 손실이 났다고 하더라도 방법은 동일하다. 1년 후 그 비중이 50대 50의 비중에서 벗어났다면 상대적으로 평가금액이 높은 쪽의 자산에서 낮은 쪽의 자산으로 투자금액을 넘겨주면 된다. 이번 경우에는 채권에서 투자금을 일부 빼서 주식에 넣어 각 자산별 투자금액을 49만 원으로 맞춰 50대 50의 비중을 유지한다.

자산배분 전략은 강세장에서 더욱 매수하려고 하고, 약세장에서는 팔려고 하는 인간의 본성과는 다소 상반된 전략이다. 그렇기 때문에 단순해 보이지만 실천하는 것이 정말 어렵다. 지금까지 큰 버블 이후에는 언제나 그 거품을 완전히 없애는 수준의 폭락이 뒤따랐다는 점을 고려해본다면, 자산배분 전략을 실천하는 것이 자신의 자산을 보다 안정적으로 운용하는 데 꼭 필요하다는 점을 인정하게 될 것이다. 항상 오르는 자산은 없을뿐더러 가격이 올랐다면 동시에 위험도 그만큼 커지고 있다는 사실을 절대 잊지 말아야 한다.

자산관리, 자산배분 전략에 어떻게 접목시켜야 할까?

재무설계에 관심이 있는 사람이라면 누구나 한 번쯤은 자금의 용도에 따라 꼬리표를 붙여 관리하라는 말을 들어봤을 것이다. 그리고 자금을 실제 사용할 기간에 따라 단기, 중기, 장기로 나눠 기간에 따라 상품에 가입해야 한다고 들어봤을 것이다. 하지만 필자는 비상금, 1~2년 안에 사용할 자금, 국가에서 노후를 스스로 준비하도록 독려하기 위해 제공하는 세액공제 상품에 들어갈 자금, 그리고 나머지 자금 이렇게 네 가지로 나눠서 운용하는 것이 보다 효율적이라 생각한다. 물론 자산배분 전략의 대상이 되는 자금은 마지막에 언급한 나머지 자금이다.

비상금과 1~2년 안에 사용할 자금은 단기자금의 성격을 띤다. 그런데 중기와 장기 자금이 아닌 노후를 위한 세액공제 상품과 나머지 자금으로 분류한 데는 나름의 이유가 있다. 먼저 자금의 용도를 중기와 장기로 구분하는 것은 애매할 뿐만 아니라, 굳이 이 둘의 자금을 분리할 필요도 없기 때문이다. 3년 이상의 기간이라면 상품운영을 동일하게 해도 큰 문제가 되지 않는다. 자금의 용도에 따라 꼬리표를 붙여서 운영하는 방법은 다소 불편함이 생길 수 있다. 하나의 상품으로 운영하는 것이 아니라 자산배분 전략으로 운영하려면 각 용도별로 여러 개의 상품에 가입해야 하므로 통장관리에도 어려움이 따른다. 관리해야 할 통장의 수가 많아질수록 관리는 점점 복잡해질 수밖에 없다.

세액공제 상품을 독립된 카테고리로 잡은 이유는 이 돈은 애초에 없는 돈이라 생각하는 편이 좋기 때문이다. 될 수 있으면 절대 건드려서도 안 된다. 세액공제가 되는 연금저축상품이나 IRP(개인형 퇴직연금)처럼 국가에서 의도적으로 혜택을 주면서까지 가입을 권장하는 상품은 향후 국민연금과 더불어 노후 생활의 최소한의 안전판 역할을 해줄 수 있다. 재무설계의 끝은 언제나 은퇴 이후의 삶을 준비하는 데 있다. 사실 젊은 나이에는 은퇴라는 것이 아직 피부에 와 닿지도 않을뿐더러 지금 당장 쓸 돈도 모자라는 탓에 언제나 우선순위에서 밀려왔다. 게다가 한번 불입하면 55세 이후에나 연금으로 받을 수 있기에 너무나 오랫동안 돈이 묶인다는 점도 이런 상품에 가입하는 것을 주저하게 만든다. 하지만 은퇴를 앞둔 시점에서 은퇴를 준비해야 한다고 생각하면 너무 늦는다. 여기에 들어가는 돈은 애초에 없는 돈이라고 생각하고 꾸준히 모아야 한다. 너무 많은 돈을 둘 필요도 없다. 세금 혜택을 받을 수 있는 범위 내에서 각자 처한 상황에 따라 불입하면 된다. 물론 이 돈으로 풍족한 노후 생활을 기대할 수는 없다. 인간답게 살기 위한 최소한의 준비라고 생각하면 좋을 것이다.

자산배분 전략, 구체적으로 계획을 세워보자

앞으로 자산배분 전략을 실행하는 데 필요한 다양한 내용에 대해서 살펴볼 것이다. 이 내용들은 앞으로 상품 간의 자산구성 비율은 어떻게 정할 것인지, 어떤 자산을 선택할 것인지 등과 같이 투자의 내용을 결정하기 위해 필요한 기본 지식들이다. 어느 자산을 어떤 비율로 편입할지는 전적으로 본인의 성향이나 처한 상황에 따라 달라질 수밖에 없다. 한 가지 정답이 존재한다면 좋겠건만 그럴 일은 절대 없다. 시기에 따라 유행하는 방법은 존재할지 모르나 이는 전적으로 과거 데이터를 기반으로 했을 때 좋은 성과를 냈다는 것이지, 미래의 투자 성과마저 보장하는 것은 절대 아니다. 다만 중요한 것은 끊임없이 다양한 상품에 대해 관심을 기울일 필요가 있다는 점이다.

3. 자산배분 비중은 어떻게 결정할 것인가

투자는 숫자가 아닌 감정의 문제다.
- 존 보글

자산배분을 실행하는 데 당면하게 되는 첫 관문은 바로 위험자산의 비중을 얼마나 가져가야 하는지 결정하는 것이다. 참고로 위험자산에서 가장 대표적인 것이 바로 주식이다. 그래서 일단 주식과 대표적인 안전자산이자 많은 사람들이 자산증식의 1순위로 생각하는 은행의 예적금을 어떤 비중으로 할지 결정하는 것부터 시작해보겠다.

가장 보수적인 투자는 은행의 예적금만으로 자산을 운영할 것이다. 이런 투자 방식은 저금리가 고착화되고 있는 현 상황을 고려해본다면 원금을 지키는 것 이외에는 큰 의미가 없다. 앞으로 현재의 금리가 지금보다 더 떨어진다면 어쩔 수 없이 주식에 일부 자산을 배분할 수밖에 없는 상황에 직면하게 될 것이다. 그때를 대비해서라도 자산의 구성을 조금씩 바꿔나갈 필요가 있다. 그렇다면 어떤 기준으로 위험자산의 비중을 정해야 할까?

'100 – 나이'의 법칙

아마 재테크에 관심이 있는 사람이라면 '100 – 나이'의 법칙에 대해 들어본 적이 있을 것이다. '100 – 나이'의 법칙이란 100에서 자신의 나이를 뺀 비율만큼 수익성을 고려해 위험자산에 투자하라는 얘기다. 보통 주식투자 비중을 결정할 때 많이 인용되는 법칙으로, 가령 자신의 나이가 30세라면 100에서 30을 뺀 70%만큼 주식에 투자해야 한다는 것이다. 이 법칙에 따르면 나이가 젊을수록 안전자산보다는 투자형 상품의 비중을 상대적으로 높게 가져가게 된다. 젊은 사람일수록 투자기간을 길게 가져갈 수 있어 가격변동의 위험을 줄일 수 있기 때문이다. 즉, 젊은 사람일수록 장기투자가 가능하므로 적극적으로 위험자산에 투자하라는 말이다.

한 가지 재미있는 것은 100이라는 숫자가 어떤 과학적인 논리에 의해 나온 숫자가 아니라는 점이다. 주식시장이 한창 호황일 때는 100이 아니라 120에서 나이만큼 차감한 비율로 위험자산에 투자하라고 한다. 다시 말해, 100이나 120은 젊은 사람일수록 투자자산의 비중을 높게 가져가는 것이 좋다는 의미에서 만든 숫자일 뿐이다. 필자도 은행에 입행해서 이 법칙을 들먹이며 고객들에게 펀드에 가입하라고 권유하던 시절이 있었다. 이제 와 돌이켜보면 너무 어리석은 판단이 아니었나 싶다. 그 이유는 크게 세 가지로 나눌 수 있다.

젊기 때문에 장기투자가 가능하다?

첫째, 젊은 사람일수록 시간적 여유가 많기 때문에 투자하면서 기다릴 수 있는 시간이 상대적으로 긴 것은 사실이다. 하지만 생애주기에 따른 재무설계의 관점에서 봤을 때, 젊은 사람이라고 무조건 장기투자가 가능한 것은 아니다. 생애주기란 누구나 인생을 살아가면서 겪게 되는 일반적인 사건들을 의미한다. 취업을 한 20대 후반에서 30대 초반의 사람들은 결혼자금, 내 집 마련(전세포함), 육아 등과 같이 큰돈이 들어가는 다양한 사건들과 마주하는데, 무작정 투자형 상품에 투자했다간 정작 필요로 할 때 자금을 쓰지 못해 발만 동동 구르는 안타까운 일을 당할 수 있다. 2008년 금융위기 때처럼 주가가 떨어져서 원금의 상당 부분을 날려버린 시기에 결혼자금 혹은 전세금을 이용하여 펀드나 주식에 투자했다가 반 토막 나버린 안타까운 사연들을 아마 신문지상을 통해 한 번쯤을 들어봤을 것이다. 투자하는 데 중요한 것은 나이보다 자금을 써야 할 시기이다.

본인 소득에 대한 고민은?

둘째, '100-나이'의 법칙에는 자산배분을 하는 데 가장 중요한 본인의 소득원에 대한 고려가 없다. 예를 들어 30세의 동갑내기인 A와 B를 비교해보자. A와 B는 현재 연소득은 거의 비슷하지만 직업이 다르다. A는 안정적인 공무원이고, B는 현재 조그마한 가게를 운영하고 있다. 공무원인 A는 매월 들어오는 본인의 월급 수준을 예상할 수 있기 때문에 긴 안목을 가지고 투자형 상품의 비중을 높이는 것도 괜찮아 보인다. 반면 사업을 하고 있는 B는 본인의 주 수입원인 사업소득이 편차가 크고 위험이 높은 만큼 매월 벌어들이는 소득에 대한 예측이 힘들다. 사업을 하는 사람들은 잘 알 것이다. 사업소득이라는 것은 경기에 민감할 뿐만 아니라, 사업이 안정권에 접어들지 않는 이상 매월 벌어들이는 소득도 편차가 클 수밖에 없다. 게다가 거액의 자금이 급하게 필요한 경우도 다반사다. 상대적으로 공무원인 A에 비해서 사업을 하는 B가 불가피하게 본인이 가입한 투자형 상품을 중도에 해지해야 하는 상황이 발생할 가능성이 높다. 투자형 상품은 가입하는 시기도 중요하지만 해지하는 시점이 무엇보다도 중요하다. 중간에 아무리 높은 수익률을 올렸어도 의미가 없다. 왜냐하면 해지하는 시점에 모든 것이 확정되기 때문이다. 그런 측면에서 본다면 B는 투자형 상품에 많은 비중을 투자하기에는 다소 부적합하다.

필자가 아는 고객 중에 한 분은 사업을 해서 큰돈을 벌었는데, 자산의 대부분을 정기예금으로만 운영하고 있다. 나이도 젊고 주식에 해박한 지식을 가지고 있음에도 불구하고 정기예금만 하는 이유를 물었더니, 사업 초창기에 벌어들인 수입을 주식에 투자했다가 급하게 돈이 필요하게 되는 바람에 크게 손실을 보고 해지했던 경험이 있었다고 했다. 본인의 주 수입원인 사업소득은 위험이 큰 편이기 때문에 자신의 자산만큼은 안정적으로 운영해야 한다는 것이 그분의 철학이었다.

자신의 성향에 대한 고려는?

마지막으로 투자비율은 전적으로 본인의 성향에 따라 정하는 것이지 나이가 중요한 것은 아니다. 고객들을 상대하다 보면 나이가 젊은데도 상당히 보수적으로 자산을 운용하는 사람이 있는가 하면, 나이가 많음에도 공격적으로 자산을 운영하는 사람도 있다. 한번은 정기예금만 하던 젊은 고객에게 펀드를 권유해드린 적이 있었다. 그 고객은 주가가 빠지기 시작하자 매일같이 찾아와 자신이 가입한 펀드를 그냥 두면 되는 건지, 언제쯤 오르는 건지 꼬치꼬치 물어댔다. 이런 성향의 사람들은 손실에 민감한 편으로 자신의 정신건강을 위해서라도 투자형 상품의 비중을 최소로 하는 것이 좋다. 젊으니까 장기투자가 가능한 것이 아니라, 스스로가 마이너스 수익률에 의연하게 대처할 수 있는지가 중요한 포인트이다.

자신의 투자성향은 어떻게 알 수 있나?

결론적으로 투자형 상품에 가입하기 위해서는 향후 자금의 필요시기, 주 수입원의 안정성, 그리고 본인의 투자성향을 종합적으로 따져보고 결정해야 한다. 자금의 필요시기, 주 수입원의 안정성은 비교적 객관적으로 알 수 있다. 그런데 자신의 투자성향은 어떻게 알 수 있을까?

본인이 가지고 있는 자산 중 얼마 정도는 손실을 감내할 수 있다는 주관적인 생각만으로는 좀 부족하다. 이때 필요한 것은 바로 위험자산에 대한 투자 경험이다. 경험을 통해 지식을 배울 수 있는 것은 물론, 위험을 대하는 태도가 달라질 수 있기 때문이다. 특히 위험한 순간을 경험해본 사람일수록 나중에 경험하게 되는 위기의 순간에 보다 의연하게 대처할 수 있다. 위험자산에 투자해보지 않은 사람들은 마이너스 수익률이라는 것 자체를 받아들이기 힘들어한다. 하지만 일단 투자 경험이 쌓이게 되면 본인이 감내할 수 있는 수준의 위험을 알 수 있다. 따라서 장기적인 관점에서 일단 소액으로 위험자산에 투자하면서 경험을 쌓아가는 것이 중요하다.

4. 주식 매매를 직접 하시는 분들에게 한마디

사람들이 부동산에서 돈을 벌고 주식에선 돈을 잃는 이유가 있다.
그들은 집을 선택하는 데는 몇 달을 투자하지만
주식 선정은 몇 분 안에 해버린다.
– 피터 린치

2013년 1월 4일은 한국거래소가 출범한 지 30년이 되는 날이었다. 30년 동안 주식시장은 350배의 놀랄 만한 성장을 이룩했다. 이런 눈부신 성장에 발맞춰 투자인구도 괄목할 만한 성장을 이루었다. 첫해에는 전체 인구의 1.7%만이 주식투자를 했지만, 이제는 500만 명이 넘는 사람들이 주식투자를 하고 있다. 경제활동 인구 5명 중 한 명은 주식투자를 하는 시대에 돌입하게 된 것이다.

상황이 이렇다 보니 주변에 주식투자를 하고 있는 지인들이 꽤 있을 거라 생각된다. 일반적으로 개인투자자의 경우 개미로 묘사되고 있는데, 이는 외국인이나 기관투자자에 비해 자금력과 정보력은 부족하지만 그 숫자가 많기 때문이다. 보통 개미들의 본업은 따로 있다. 본업이 있기 때문에 주식투자에 할애할 수 있는 시간도 적은 편이다. 그 결과 전문성과 자금력으로 무장한 외국인들과 기관의 좋은 먹잇감이 되기 일쑤였다.

개미가 주식으로 성공하기?

주식투자를 하는 사람들에게 주식이 상승하는 시기에 얼마나 벌었는지 물어보면 대부분은 그동안 잃은 돈을 이제 조금 회복하는 정도라고 답한다. 그럼에도 왜 주식을 하냐고 물어보면 도저히 예적금으로는 이 상황을 벗어나기 힘든 것 같아 궁여지책으로 주식투자에 나섰다고 이야기한다. 본전 정도의 성과를 거두는 사람은 그나마 상황이 나은 편이다. 주식으로 상당한 손해를 보고 주식은 아예 쳐다보지도 않는 사람들도 종종 볼 수 있다.

가끔 인터넷 뉴스를 통해 주식으로 수백 억을 번 고수들의 이야기가 심심치 않게 나온다. 그런데 기사를 읽다 보면 성공 스토리에서 끝나는 것이 아니라, 고수가 찍어주는 종목을 알려준다는 카페나 사이트 소개가 어김없이 등장한다. 덧붙여 이렇게 알려주는 이유는 자신의 노하우를 공유하여 더 많은 사람들을 부자로 만들어주고 싶다는 순수한 의도에서라고 이야기한다. 하지만 사실 이런 뉴스기사들은 기사를 가장한 광고에 가깝다. 무료라고 사람들에게 광고할 뿐 결국 유료서비스를 받게끔 만드는 것이 핵심이다. 물론 유료라도 성과가 좋다면 충분히 그 돈이 아깝지 않을 텐데, 그렇게 해서 부자가 되는 사람은 극히 드물다. 만약 이런 곳을 통해 부자가 되는 사람들이 많았다면 전 국민이 부자의 반열에 오르는 날도 멀지 않을 거라 생각된다.

전문가는 다르다?

한때 자문형 랩의 인기에 힘입어 스타급 펀드매니저들의 자문사 설립이 러시를 이루었던 시기가 있었다. 자문형 랩이 돌풍을 일으킬 수 있었던 이유는 자문사를 설립한 스타급 펀드매니저들의 명성과 주식 상승시기가 맞물려, 자문형 랩이 높은 수익률을 보여줬기 때문이다. 일반 펀드의 경우 보통 50개 이상의 종목에 분산투자를 하는 반면, 자문형 랩의 경우 자신들의 역량을 극대화하여 10개 이하의 소수종목에 집중투자를 해 일반 펀드에 비해 높은 수익률을 올렸다. 그런 높은 수익률은 시장을 열광시키면서 더 많은 돈을 시장에서 빨아들이게 만들었다. 자문형 랩 잔액은 '차화정(자동차, 화학, 정유)'과 '자문사 7공주(LG화학, 하이닉스, 제일모직, 삼성SDI, 삼성전기, 삼성테크윈, 기아차)'와 같은 신조어를 만들어내며 순식간에 9조 원을 훌쩍 넘어섰었다.

그러나 불과 몇 년을 가지 못하고 주가 하락기를 맞아 상황은 급반전되었다. 유럽발 재정위기로 코스피 지수가 곤두박질치면서 자문형 랩의 수익률은 급격하게 떨어졌고, 자문사의 역량에 기초한 소수종목의 투자 형태는 오히려 위기관리 실패의 주범이 되어 수익률 하락을 부채질하였다. 그 결과 자문형 랩의 수탁액은 반 토막이 났고, 2012년 상반기를 기준으로 10곳의 자문사 중 7곳은 적자를 면치 못했다. 빅3 자문사 중 한 곳은 운용사로 전환되었고, 다른 한 곳은 일반 운용사로 넘어갔다. 게다가 시장에서는 퇴출되는 자문사들에 대한 이야기가 흘러나왔다. 자연스럽게 사람들의 기억에서 자문형 랩은 잊혀지게 되었다.

문제는 투자종목이 적다는 것이다

개미와 투자자문사, 전혀 공통점이 없을 것 같은 이들에게도 공통점은 있다. 둘 다 소수종목에 투자를 하면서 대박을 꿈꾼다는 점이다. 물론 큰 차이점도 있다. 투자자문사의 경우 수익률을 최대한 끌어올리기위해 스스로 소수종목에 투자하기로 선택했다면, 개미의 경우 본업이따로 있는 관계로 너무 많은 종목에 투자하기에는 관리상의 문제가 발생해 어쩔 수 없이 소수종목에 투자를 할 수밖에 없다는 점이다. 물론자금여력이 크지 않은 것도 한몫 한다.

하지만 국내 시장에서 최고의 전문가로 인정받아 온 투자자문사의구성원들조차 예상치 못한 상황이 도래했을 때 크게 당하고 말았다.소수종목에 집중투자 하는 것은 잘되면 대박, 못되면 쪽박이기 때문이다. 하물며 잘 알지도 못하면서 자신의 감을 믿고 투자한 개미들은 어떨까? 아마 십중팔구는 돈을 날릴 것이다. 오히려 돈을 버는 것이 이상할 수 있다. 한두 번 재수가 좋아 돈을 벌지 몰라도 장기적으로 다잃을 수밖에 없다. 주식시장은 절대로 초보자라고 봐주는 곳이 아니다. 주식시장은 약육강식의 법칙이 지배하는 냉정한 세계이다.

주식시장은 체급 제한이 없는 권투경기다

주식시장을 권투경기에 비유하자면 외국인이나 기관은 프로선수이고, 개인투자자들은 취미로 배우는 아마추어이다. 스포츠에서는 수준이 비슷한 사람들끼리 경기를 한다. 하지만 주식시장에서는 수준 차이가 큰 사람들이 같은 곳에서 경기를 한다. 체계적인 교육을 받으며 죽기 살기로 권투만 하는 프로와 본업이 따로 있는 아마추어는 결코 경쟁이 되지 않는다. 그걸 알면서도 나는 다를 거라는 막연한 기대감으로 많은 개인투자자들이 경쟁에 뛰어든다.

개인이 외국인과 기관을 상대로 이길 수 있는 확률이 얼마나 될까? 아마도 권투에서 아마추어가 프로를 이기는 확률 정도 되지 않을까 생각된다. 확률이 중요한 이유는 초반 한두 번은 의미가 없을 수 있지만 게임이 지속되면서 결국 확률에 수렴하기 때문이다. 두 사람이 가위바위보를 한다고 가정해보자. 이길 확률과 질 확률, 그리고 비길 확률은 각각 1/3이다. 가위바위보를 하다 보면 많이 이기는 사람이 있게 마련이다. 그런데 가위바위보를 하는 횟수가 많아지면 많아질수록 1/3의 확률에 수렴할 수밖에 없다. 마찬가지로 한두 번 주식으로 돈을 벌 수 있으나, 장기적으로 봤을 때 돈을 다 잃을 확률이 점점 커질 것이다. 물론 그중에서도 돈을 버는 영리한 개인투자자들도 있는데, 그건 극히 일부일 뿐이다.

필자는 본업이 있는 개인투자자의 경우 주식 매매를 직접 하는 것은 반대한다. 전문성과 자금력에서 기관이나 외국인에게 밀릴 뿐만 아니라, 투자하는 종목도 소수에 불과해 주식 시장 내에서도 리스크를 제대로 분산할 수 없기 때문이다. 자문형 랩의 사례에서 알 수 있듯이 소수종목에 집중투자 하는 것은 리스크가 크다. 잘하면 대박이겠지만 잘못하면 쪽박이라는 표현이 딱 맞다. 게다가 돈을 벌기 위해 어쩔 수 없이 뛰어든 개인투자자라면 이미 마음가짐에서부터 지고 들어가게 된다. 평정심을 잃은 투자자는 절대 이길 수 없다.

5. 인덱스펀드

투자의 세계에는 철칙이 하나 있다. 그것은 장기투자에서 초과수익은
단지 일시적으로만 가능할 뿐이라는 것이다.
- 마크 파버

　자산배분 차원에서 주식의 비중을 가져가야 한다고 했는데 주식에
직접투자는 하지 말라니 좀 이상하다고 생각하는 사람도 있을 것이다.
물론 맞는 소리다. 그렇지만 앞에서도 살펴보았듯 주식에 직접투자를
하는 것은 위험이 크다. 굳이 직접투자를 할 사람은 그냥 다 잃어도 될
만한 적은 돈으로 재미 삼아 할 것을 권유하는 바이다. 대신 자산배분
차원에서 주식의 비중을 가져가야 한다면 직접투자 대신 인덱스펀드
를 통한 간접투자 방식을 추천한다.

　2008년 "오마하의 현인"이라고 불리는 워런 버핏은 재간접 헤지펀
드 전문운용사인 프로테제파트너스(Protege Partners)와 향후 10년간 32만
달러를 걸고 투자수익률 내기를 걸었다. 프로테제는 5개의 해지펀드
에 투자한 반면, 워런 버핏은 S&P 지수를 추종하는 인덱스펀드를 선
택했다. 이유는 간단했다. 수수료가 가장 쌌기 때문이다. 워런 버핏은
헤지펀드는 성과 수수료를 제외하더라도 연 3~4%의 수수료를 떼는

데 반해, 인덱스펀드 전문 운용사인 뱅가드의 인덱스펀드는 수수료가 0.15%에 불과해 장기로 투자했을 땐 인덱스펀드가 앞설 수밖에 없다고 주장했다. 과연 이번에도 "오마하의 현인"답게 워런 버핏의 주장이 맞을까?

내기의 결과는 다소 싱겁게 끝날 것으로 예상된다. 2014년 12월 한 신문기사에 따르면 연초를 기준으로 봤을 때 버핏은 43.8%의 수익률을 기록했고, 프로테제는 12.5%의 수익률을 기록했기 때문이다. 아직 많은 시간이 남아 있어 결과는 충분히 뒤바뀔 수도 있다. 그러나 수익률 격차가 30%에 육박한다는 점을 고려해봤을 때 그럴 가능성은 극히 낮지 않을까 생각된다.

전문가에게 맡겨라? 시장에 맡겨라!

인덱스펀드란 주가지수를 추종하도록 설계되어 있는 펀드로, 펀드 매니저의 주관적 판단에 의해 종목을 선택하는 액티브펀드와 달리 주가지수의 움직임에 따라 포트폴리오를 구성하여 운영함으로써 시장 평균 수익률을 추구하는 펀드이다. 쉽게 이야기해서 인덱스펀드에 가입했다는 것은 시장 전체에 투자했다고 생각하면 된다.

인덱스펀드는 성과가 액티브펀드에 비해 뛰어난 편은 아니다. 연말이 되면 펀드 결산을 통해 올해에 성과가 뛰어난 펀드를 선정하는데, 이때 인덱스펀드가 상위에 랭크되었던 적은 극히 드물다. 아니 아예 없다고 보는 편이 좋을 것이다. 그럼에도 불구하고 인덱스펀드를 추천하는 이유는 펀드는 장기투자의 대상이기 때문이다.

장기적으로 시장을 이기기란 쉽지 않다

장기투자에 인덱스펀드가 적합한 이유는 첫째, 장기투자에서 투자자가 지속적으로 시장 평균 수익률을 앞서기가 힘들기 때문이다. 한 해 수익률에서 1등을 한 펀드가 다음 해에도 1등을 할 확률은 극히 낮다. 오히려 전년도에 최고의 성과를 기록한 펀드 중에는 다음 해에 극심한 수익률 저하를 경험하는 경우가 많다. 수익률이 좋은 펀드에는 돈이 몰리게 마련이고, 펀드가 몸집이 커지면 주식을 사거나 팔 때 주가에 영향을 미쳐 운용의 유연성이 떨어지기 때문이다.

시장 주도주가 변함에 따라 펀드의 희비가 엇갈리는 경우도 비일비재하다. 게다가 펀드매니저들의 잦은 이동 역시 올해의 펀드가 다음 해 최고의 자리를 지키기 어렵게 만든다. 참고로 펀드 하나가 수익률 상위 40% 내에 4년 연속으로 들어갈 확률은 10%도 안 된다고 하니, 장기적으로 주가지수를 능가하는 펀드를 찾기란 정말 어려운 것 같다.

작은 차이가 승패를 좌우한다

둘째, 수익률이 높다 하더라도 높은 수수료와 잦은 주식 종목의 교체는 장기적으로 수익률을 갉아먹는다. 우리가 펀드에 가입할 때 간과하기 쉬운 부분이 수수료와 비용이다. 워런 버핏이 헤지펀드를 이길 수 있는 펀드로 인덱스펀드를 지목한 이유도 바로 낮은 수수료 때문이다. 인덱스펀드는 기계적으로 매매가 이뤄져, 펀드 매니저의 직관에 의해 운용되는 액티브펀드에 비해 수수료가 낮다. 또한 액티브펀드의 경우 시장의 주도주가 변함에 따라 종목 교체가 이뤄지는데, 잦은 종목 교체에 따른 부대비용도 무시 못 한다.

체계적 위험, 비체계적 위험

셋째, 시장지수를 추종하는 만큼 개별기업의 위험을 낮춰 보다 안정적이다. 주식투자에서 위험은 체계적 위험과 비체계적 위험으로 구성되어 있다. 체계적 위험이란 시장 전체의 위험으로, 한국 주식시장이 갖는 위험으로 생각하면 된다. 만약 북한의 미사일 공격이나 IMF와 같이 한국 경제에 위험 요인이 발생한다면 아무리 개별기업의 실적이 좋다 하더라도 개별기업의 주가는 하락할 수밖에 없다. 물론 시장지수 자체도 하락할 것이다. 비체계적 위험은 개별기업이 갖게 되는 위험이다. 예를 들면 지배구조의 변동, 파업, 생산하고 있는 제품의 수요변화, 법정 소송 등 개별기업이 처한 위험을 말한다. 비체계적 위험은 분산투자를 함으로써 낮출 수 있는데, 시장 전체 주식에 분산해서 투자할 경우 비체계적 위험은 거의 0에 가까울 정도로 제거된다. 따라서 인덱스펀드에 투자를 한다는 것은 비체계적 위험을 낮추고 체계적 위험, 즉 시장 전체의 위험만을 가져가므로 상대적으로 액티브펀드에 비해 위험성은 낮다.

이러한 장점에도 불구하고 인덱스펀드 또한 주식에 투자하는 상품이기 때문에 원금 손실의 위험은 항상 존재한다. 액티브펀드보다 안정적이라는 말이지, 인덱스펀드가 안정적인 상품은 아니라는 점을 명심해야 한다.

2008년 금융위기나 IMF와 같이 주가가 폭락했던 시기 직전에 어떤 전문가도 폭락을 제대로 예측하지 못했다. 그러한 일이 발생하기 직전까지도 장밋빛 미래를 제시하며 주식에 투자하라고 외쳤을 뿐이었다. 이러한 상황에서 전문가를 믿고 투자하는 것보다 시장(인덱스펀드)을 믿고 투자해보는 것이 어떨까? 워런 버핏의 스승 벤저민 그레이엄은 주식을 적극적으로 연구해서 발 빠르게 대응할 여력이 없는 사람들에게 가장 좋은 투자방법으로 인덱스펀드를 정액매입법에 의해 장기적으로 투자하는 것을 추천하였다는 사실을 기억하기 바란다.

6. 펀드 환매의 기술

사랑에 관해서는 낭만적일 수 있다.
그렇지만 돈에 관해서는 낭만적이어서는 안 된다.
– 조지 버나드 쇼

가끔 고객들의 자산현황표를 보다 보면 두 가지 재미난 사실을 발견한다. 하나는 고객 대부분은 펀드에 관심을 두지 않다가 고점이었던 2007년 중반에 집중적으로 펀드에 가입했다는 점이고, 다른 하나는 그런 분들이 현재 가지고 있는 펀드는 대개 중국 혹은 브릭스 펀드라는 점이다.

주식시장이 활황단계에 들어서게 되면 사람들의 대화 주제는 자연스럽게 주식으로 귀결된다. 물론 각종 언론매체를 통해서도 주식 이야기는 끊임없이 흘러나온다. 주로 '누가 얼마를 벌었다'는 식의 영웅담이다. 이렇게 주변에서 주식으로 돈을 벌었다는 이야기가 사방에서 들려오면 아무리 보수적인 투자자라 하더라도 주식투자를 안 할 재간이 없다. 문제는 참고 참다가 큰맘 먹고 주식에 투자하는 그때가 번번이 고점이라는 것이다.

증시의 활황기에 주식 혹은 펀드에 투자했던 사람 대부분은 가장 수익률이 안 좋은 주식이나 펀드를 끝까지 보유할 확률이 높다. 왜 그럴까? 다음의 문제를 통해 알아보도록 하자.

〈문제〉

투자자 김 씨는 현재 10% 수익이 난 A펀드와 −10% 손실이 난 B펀드를 보유 중이다. 시장의 전망은 장기적으로 A펀드가 B펀드보다 우세하다. 급하게 돈이 필요한 김 씨는 두 개의 펀드 중 하나를 환매해야만 한다면 어떤 펀드를 고를까?

〈정답〉

향후 수익전망이 좋은 A펀드는 놔두고 B펀드를 환매하는 것이 합리적이다. 그렇지만 현실에서 투자자들은 이익을 본 A펀드를 환매한다.

손실공포본능과 기분효과

이러한 선택은 손실공포본능과 기분효과로 설명할 수 있다. 손실공포본능이란 말 그대로 사람은 본능적으로 손실을 싫어하기 때문에 의도적으로 손실에 따른 결과를 피하려고 하는 현상이다. 만약 B펀드를 환매할 경우 손실이 확정되기 때문에 사람들은 B펀드를 환매하는 것을 피하고 싶어 한다. 장기적인 전망이 나쁘더라도 언젠가는 오를 거라는 믿음으로 B펀드를 해지하지 못하는 것이다. B펀드를 보유한 사람들은 B펀드와 관련하여 사소하지만 희망적인 사실에 더 큰 의미를 부여하게 된다.

기분효과는 기분 좋은 방향으로 생각하거나 행동하는 현상을 가리킨다. 그래서 될 수 있으면 안 좋은 일은 기억 속에서 지워버리려고 노력한다. A펀드에 가입한 사실이 자랑스러운 데 반해, B펀드를 환매하는 순간 자신의 결정이 잘못됐음을 인정하게 되기 때문에 A펀드를 환매하는 것이다.

필자가 앞에서 예로 든 보수적인 투자자 대부분은 중국이나 브릭스 펀드 이외에도 국내 펀드를 다수 보유하고 있었다. 그런데 펀드를 환매해야 하는 시점이 되면 어김없이 이익이 난 펀드부터 정리했다. 그 결과 상대적으로 양호한 실적을 내던 국내 펀드는 모두 환매되었고, 중국이나 브릭스 펀드처럼 상대적으로 부진한 성과를 내는 펀드만 남게 되었다.

펀드의 자금 유출입 동향을 살펴보더라도 이러한 현상은 잘 나타난다. 주가가 조정받는 시기에 자금이 유출되는 펀드 대부분은 운영을 잘해 수익이 많이 난 펀드였다. 상대적으로 수익률이 부진한 펀드는 큰 변동이 없었다.

투자의 세계에서 살아남기 위해서는 냉철한 이성이 필요하다. 주식시장에서 개인이 기관이나 외국인에게 번번이 지는 이유 중 하나는 개인은 결정을 내려야하는 시점에 이성보다는 감정에 휘둘리는 반면, 기관이나 외국인은 감정의 개입을 최대한 배제한 채 자신들의 조건에 맞지 않는 종목들은 과감히 교체하는 결단력을 발휘했기 때문이다. 보유하고 있는 펀드 중 환매를 해야 한다면 이제는 저조한 수익률의 펀드를 먼저 환매해보는 것은 어떨까?

7. ELS, 알고 투자합시다

'투자'란 철저한 분석하에 원금의 안정성과 적절한 수익성을 보장하는
것이다. 이런 요건을 충족시키지 못하는 활동은 '투기'다.
– 벤저민 그레이엄

　　"부자"라는 말을 들으면 어떤 느낌이 드는가? 한국 사회에서 부자는
애증(愛憎)의 대상이 아닌가 생각된다. 겉으로는 욕을 하면서도 속으로
는 부자들의 세계에 들어가기를 열망하는, 그런 상반된 감정을 불러일
으키는 단어가 바로 부자가 아닐까. 내일의 부자를 꿈꾸는 많은 사람
들은 부자라는 말만 들어도 솔깃해한다. 실제로 부자들의 투자 패턴은
늘 좋은 기삿거리를 제공하고 있다. 항상 고급 정보에 기민하게 움직
이는 부자들의 투자 패턴은 일반 사람들에게 투자의 나침반 같은 역할
을 해주기 때문이다. 그런데 같은 하늘 아래 존재하는 부자들도 지역
에 따라 투자에 다른 양상을 보인다. 강북과 강남의 투자 패턴이 다르
고, 전통적인 부자와 신흥 부자의 투자 패턴이 다르다. 그중에서도 강
남은 의사, 변호사, 벤처 사업가 등 신흥 부자가 주류를 이루고 있다.
이들은 새로운 금융상품에 대한 이해가 빠르고 적극적으로 위험을 감
수하는 성향으로 대한민국 투자의 트렌드를 이끌어가고 있다고 해도

과언이 아니다.

예전에 '강남 부자들은 ELS를 좋아해'라는 제목의 기사를 본 적이 있다. 대우증권이 강남권 지역의 PB들에게 설문한 결과 고객의 금융자산 중 ELS가 가장 많은 비중을 차지하고 있다는 내용의 기사였다. 물론 증권회사를 거래하는 고객과 은행을 거래하는 고객은 기본적인 투자성향에 차이가 있어 이 내용이 전적으로 맞는다고 할 수는 없다. 하지만 은행을 거래하는 PB 고객들도 ELS에 대한 사랑은 뜨겁기는 마찬가지다.

● ELS란?

ELS는 Equity Linked Securities의 약자로, 개별 주가 혹은 주가지수에 연계되어 수익을 지급하는 주가연계증권이다. 이와 비슷한 상품으로 주가연계특정금전신탁(ELT)이나 주가연계펀드(ELF)가 있는데, 둘 다 ELS를 편입하는 상품으로 사실상 ELS에 투자하는 것과 같다. 다만 신탁의 형식으로 판매하느냐, 펀드의 형식으로 판매하느냐의 차이가 있을 뿐이다.

ELS는 대표적인 중위험 중수익 상품으로, 자산의 대부분을 안정적인 채권에 투자하고 일부를 파생상품 등에 투자함으로써 기초자산이 미리 정해진 조기상환 조건을 충족하면 약속된 수익금을 지급하는 상품이다. 이해를 돕기 위해 예전에 판매되었던 ELS 상품의 구조와 기본적인 내용을 바탕으로 좀 더 자세히 설명해보겠다.

〈상품구조〉

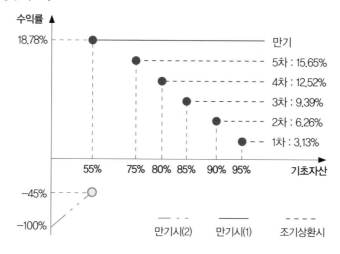

〈상품개요〉

– 기초자산 : KOSPI200지수, HSCEI지수

– 3년 만기이며, 매 6개월 시점에 조기상환 조건 충족 시 상환

– 조기상환 조건 : 설정 이후 매 6개월 마다 두 기초자산 종가가 순차적으로 기준지수의 95–90–85–80–75% 이상인 경우 연 6.26%(세전) 수준의 수익기대

– 만기상환 조건

1) 조기상환 없이 만기상환 평가일에 두 기초자산 모두 종가가 기준지수의 55% 이상인 경우 18.78%(세전)의 수익 기대

2) 조기상환 없이 만기상환 평가일에 두 기초자산 중 하나라도 종가가 기준지수의 55% 미만인 경우 원금 손실(–55% ~ –100%)

ELS는 보통 2개의 기초자산을 가지고 상품을 만든다. 기초자산으로는 KOSPI200지수와 HSCEI지수(홍콩H지수)처럼 시장을 대표하는 주가

지수는 물론 현대자동차, 신한지주, 현대중공업, LG디스플레이 등 개별종목을 사용할 수 있다. 경우에 따라서는 금이나 은, 혹은 유가와 같은 원자재상품이 사용되기도 한다. 물론 2개의 기초자산이 같은 종류일 필요는 없기 때문에 주가지수와 개별종목의 형태로도 상품을 만들 수 있다.

앞에 제시된 상품은 총 3년 만기로 매 6개월 마다 중도상환이 될 수 있는 기회가 존재한다. 상품 가입 후 6개월 되는 시점이 1차 조기상환 평가일인데, 두 기초자산 모두 기준가 대비해서 5%를 초과해서 하락하지만 않는다면 6.26%의 절반인 3.13% 수준의 수익을 얻을 수 있다. 만약 1차 조기상환 평가일에 두 기초자산 중 하나 혹은 둘 다 5%를 초과하여 하락했다면 다시 6개월을 기다려야 한다. 대신 2차 조기상환 평가일에 두 기초자산 모두 10% 이내로 하락하였다면 6.26% 수준의 수익을 얻을 수 있다. 이처럼 ELS는 회차별로 정해진 수익구조를 충족한다면 정해진 수익률을 지급하면서 끝나지만, 만약 조건이 충족되지 못한다면 상환이 이연되는 점이 특징이다. 단, 수익률은 회차가 거듭될수록 계속해서 쌓이게 된다(참고로 여기에서 제시하고 있는 6.26%는 1년 기준 수익률을 표시한 것이기 때문에 6개월마다 6.26%의 절반인 3.13%의 수익이 쌓이게 된다). 예를 들어 5차 조기상환 평가일에 비로소 조건이 충족되었다면 3.13%의 5배인 15.65%의 수익을 얻는 것이다.

주식이나 주식형 펀드는 내가 산 가격보다 반드시 올라야만 수익을 얻는 반면, ELS는 내가 산 시점의 기준가보다 일정 수준 이하로 떨어지지만 않으면 약정된 수익을 얻는다는 점에서 안정적이라 볼 수 있다. 그래서 ELS를 대표적인 중위험 중수익 상품이라고 부른다. 조건

또한 회차가 거듭될수록 낮아지기 때문에(95-90-85-80-75-55) 만기가 가까워질수록 투자자의 수익실현 가능성은 점점 높아진다.

ELS, 위험요소 살펴보기

ELS가 장점만 있는 것은 아니다. 먼저 자금이 최대 3년간 묶일 수 있다. 중도환매가 가능하지만, 중도환매수수료가 높기 때문에 상당한 손실을 감수해야 한다. 또한, ELS도 투자형 상품이다 보니 원금 손실의 위험이 항상 존재한다. 다음의 기사 제목을 한번 살펴보자.

'삼성전자 ELS 투자자 '울상'…원금 72% 까먹기도' 〈한국경제〉 2007. 05. 10

'2008년 발행 ELS 87% 원금 손실 우려' 〈국민일보〉 2009. 02 .23

'종목형 ELS 32% 반토막 위기' 〈매일경제〉 2014. 11. 05

앞의 그림에서 Y축 수익률을 보면 하단에 -45%에서 -100%까지의 구간에 직선 하나가 있다. 바로 원금 손실 구간을 의미하는 것이다. 5차의 조기상환 평가일에 조건이 전부 충족되지 않았다면 만기상환 평가일에 모든 것이 결정된다. 여기서 한 가지 주목해야 할 점은 만기상환 평가일에 두 기초자산 중 성과가 부진한 기초자산을 기준으로 삼는다는 사실이다. 두 기초자산 모두 주어진 조건을 충족한다면 총 18.78%(3.13%×6)의 수익을 얻겠지만, 그렇지 않다면 두 기초자산의 하락률 중 가장 큰 하락률을 기록한 기초자산에 의해 손실이 확정된다. 예를 들어 만기상환 평가일에 KOSPI200 지수가 최초 기준대비

10%가 올랐다 하더라도 HSCEI 지수가 최초 기준가 대비 30% 수준으로 떨어졌다면(−70%) ELS 투자자는 HSCEI 지수의 하락률만큼 손실을 입게 된다. 그렇기 때문에 ELS 가입 시 어떠한 기초자산을 가지고 상품을 만들었는지 잘 따져보는 것이 중요하다.

앞에서 언급한 대로 ELS는 자산 대부분을 채권으로 운용하지만 일부는 파생상품에 투자한다. 파생상품은 변동성을 먹고 사는 상품이다. 균형 상태에서 많이 벗어날수록 파생상품을 통해 벌어들일 수 있는 이익은 커진다. 그런데 변동성의 또 다른 이름은 위험이란 사실을 잊지 말아야 한다. KOSPI200, HSCEI, S&P500, 그리고 EUROSTOXX50처럼 주식시장을 대표하는 지수를 기초자산으로 한 ELS 상품의 수익률은 개별종목을 기초자산으로 한 ELS 상품의 수익률보다 낮을 수밖에 없다. 주식시장을 대표하는 지수가 개별종목에 비해 변동성이 상대적으로 낮기 때문이다. ELS가 중위험 중수익을 대표하는 상품이라는 점을 고려해봤을 때, 합리적인 투자자라면 수익률이 다소 낮더라도 개별종목을 기초자산으로 편입한 ELS보다 주식시장을 대표하는 지수를 편입한 ELS를 선택해야 한다. 개별종목을 편입한 ELS에 가입하려고 한다면 투자금액을 조금 낮춰 해당 종목을 직접 매수하는 편이 더 나을 수도 있을 것이다. 왜냐하면 개별 종목을 편입한 ELS의 경우(높은 중도상환수수료 때문에) 개별 종목의 펀더멘털 변화에 대응하기 쉽지 않기 때문이다. 게다가 원자재의 경우 투기적 수요가 상당한 영향을 미치기 때문에 ELS의 기초자산으로는 다소 부적합하다.

8. 채권

위대한 것은 결코 어느 날 갑자기 이루어지지 않는다.
- 에픽테토스

    사람들은 "투자"라는 단어를 들으면 대부분 주식과 부동산을 떠올릴 것이다. 하지만 채권을 모르고서 투자에 대해 이야기한다는 것은 뭔가 허전한 느낌이 든다. 금융자산에 투자하는 데 양대 축은 누가 뭐라 해도 주식과 채권이다. 사람들이 주식보다 채권에 대해서 잘 모르는 이유는 주로 이용하는 금융기관이 은행이라서 그런 듯싶다. 은행에서는 채권에 직접투자를 할 수 없다. 채권을 직접 사고파는 것은 오직 증권회사를 통해서만 가능하다. 물론 은행에서도 신탁이나 펀드의 형태로 채권에 투자할 수 있는 길이 분명 있다. 그럼에도 채권이 사람들에게 낯선 이유는 뭘까? 채권이 안정성에서는 은행 예금에 밀리고, 수익성에서는 주식형 펀드에 밀려 우선순위에서 점점 멀어졌기 때문이라 생각한다.

    은행의 대표 상품은 바로 예금이다. 예금도 그 성격을 파헤쳐본다면 일종의 채권이다. 그런데 예금을 채권이라 생각하는 사람은 거의 없다. 은행 예금의 경우 5천만 원까지는 예금자보호가 될 뿐만 아니라, 은행이 망하지 않는다면 돈을 떼일 염려도 없다. 때가 되면 정해진 이자도 받는다. 이렇게 안전하면서 확실한 예금이 있는데 굳이 위험을 떠안으면서 채권형 펀드에 가입하라고 권유하진 않을 것이다. 게다가 수익률 측면에서도 주식형 펀드에 밀린다. 상황에 따라 다를 수는 있겠지만, 수익률만 놓고 본다면 채권형 펀드보다 주식형 펀드가 좋다. 그러다 보니 채권형 펀드가 안전성 면에선 예금에, 그리고 수익성 면에선 주식형 펀드에 밀리는 것이 어찌 보면 너무나 당연하다. 은행을 거래하는 사람 대부분에게 채권은 무척 낯선 투자방법이 될 수밖에 없었다.

그렇지만 이제는 채권에 대한 새로운 평가가 필요할 때이다. 한국거래소가 발표한 '코스피지수 30년과 한국 증권시장'에 따르면 코스피지수로 비교한 1983년부터 2012년 말까지의 자산별 수익률은 주식 27.9배, 채권 16.1배, 예금 7.8배, 그리고 부동산과 금이 각각 4.2배순이었다. 수익성 면에서도 채권이 전혀 뒤지지 않음을 알 수 있다. 뿐만 아니라 잘만 투자한다면 채권은 주식과 상호보완작용을 일으킬 수 있다. 투자자금을 주식과 채권에 배분해서 금리 추이를 기준으로 비중을 잘 조절한다면 주식에 100% 투자했을 때보다도 오히려 더 좋은 결과를 얻을 수 있기 때문이다.

지금까지는 예금처럼 위험은 없지만 수익률이 낮은 상품 아니면 주식처럼 상당한 고위험 고수익 상품을 가지고 '모 아니면 도'식의 투자를 해왔다면, 이제는 자신이 감내할 수 있는 범위에서 위험수위를 조절하는 형태의 투자가 필요하다. 이를 위해 필요한 것이 바로 채권이다. 앞으로 채권의 기초에 대해 알아보고, 채권형 펀드에는 어떤 것들이 있는지 살펴보도록 하자.

채권이란 무엇인가?

채권이란 정부나 공공기관, 특수법인 그리고 주식회사 등이 불특정 다수를 대상으로 자금을 조달할 목적으로 발행하는 차용증서이다. 채권에는 액면금액, 발행이율, 만기상환일, 이자 및 원금상환방법 등이 표시되어 있다. 액면금액은 채권의 발행금액으로 만기 시에 받게 될 예상금액을 의미한다. 발행이율은 채권을 매수함으로써 받게 될 이자를 말하는데, 발행주체의 신용등급에 따라 발행이율은 달라진다. 채권 발행주체의 신용등급이 낮을수록 약정된 이자나 원금을 제대로 받지 못할 위험이 크기 때문이다. 미국과 그리스에서 채권을 발행하는데 금리가 동일하다면 누가 그리스의 채권을 사겠는가. 위험이 클수록 그에 따른 보상도 커야 하는 탓에 미국과 그리스에서 발행되는 채권의 이자율은 큰 차이를 보일 수밖에 없다.

보통 채권을 수익성과 안정성, 유동성을 고루 겸비한 투자 대상이라고 한다. 채권은 미리 정해진 이자율에 따라 원금과 이자를 받을 수 있고(수익성), 채권의 발행주체가 주로 정부나 주식회사 등 신용도가 높은 기관에서 발행하므로 채무불이행의 위험은 상당히 낮은 편이다(안정성). 물론 신용도가 낮은 회사들이 발행하는 회사채도 있지만, 채권을 발행한 회사들의 신용등급이 공개되기 때문에 투자할 때 참고할 수 있다. 게다가 만기 이전에라도 급하게 돈이 필요하면 시장에서 채권을 매매하여 쉽게 현금화할 수 있다(유동성).

이자소득? 자본소득?

채권을 통해 얻을 수 있는 수익에는 이자소득과 자본소득이 있다. 정기예금처럼 채권을 보유함에 따라 정해진 이자를 받는 것을 이자소득이라 하고, 채권의 가격변동에 따른 이익을 자본소득이라 한다. 이자소득은 이해하기 쉬울 거라 생각되지만, 자본소득은 다소 생소할 것이다. 좀 더 구체적으로 알아보도록 하자.

A라는 회사가 1년 전에 발행이율 8%로 채권을 발행했다고 가정하자. 그런데 시중금리가 떨어지면서 A회사는 이제 6%의 채권을 발행할 수 있게 되었다. 그럼 기존에 8%에 발행되었던 채권의 가격은 어떻게 될까? 채권을 발행한 회사가 같고 동일한 조건이라면 누구나 6%의 이자를 주는 채권보다는 8%의 이자를 주는 채권을 갖길 원할 것이다. 1년 전에 발행이 완료되었기 때문에 8% 채권의 물량은 이미 정해져 있지만, 이 채권을 갖길 원하는 사람들이 많아지다 보니 8% 채권의 가격은 올라가게 된다. 이때 8%의 채권을 가지고 있던 사람들은 둘 중 하나를 선택할 수 있다. 채권을 만기 시까지 보유함으로써 8%의 안정적인 이자를 받거나, 자신이 샀던 채권 가격보다 더 높은 가격에 시장에서 팔 수 있다. 이렇게 채권을 매각함으로써 발생하게 되는 차익부분이 바로 자본소득이다.

자본소득은 시중금리가 떨어지는 것 이외에도 채권을 발행한 회사의 신용등급이 올라가면 얻을 수도 있다. 신용등급은 해당회사가 얼마나 안전한가를 나타내는 지표이다. 우량한 회사일수록 좋은 신용등급을 받을 테고 이런 기업은 신용등급이 낮은 회사보다 저렴한 이자로 자금을 조달할 수 있다. 신용등급이 높다는 것은 그만큼 안정성이 높다는 의미이기 때문이다. 그래서 신용등급이 올라가면 더 낮은 수준의 금리로 채권발행이 가능해지기 때문에 기존에 발행된 상대적으로 높은 이율의 채권 가격은 더 올라간다. 반대로 시중금리가 올라가거나 해당 기업의 신용등급이 떨어진다면 보유하고 있는 채권의 가격이 떨어져 손해를 볼 수도 있다. 그렇지만 이때 보는 손실은 채권을 만기까지 보유하지 않고 중간에 팔 때 발생하는 것으로 채권의 가격이 떨어졌다 하더라도 채권을 팔지 않고 만기까지 계속 보유한다면 최초 약정된 이자를 만기까지 받을 수 있다. 물론 중간에 그 회사가 망하지 않는다면 말이다.

채권의 자본소득에 대해 설명한 부분을 읽으면서 눈치가 빠른 독자라면 아마도 채권에 투자하는 데 있어 고려해야 하는 중요한 두 가지 요소에 대해 감을 잡았을 것이다. 그건 바로 금리 전망과 채권을 발행하는 회사의 신용등급의 변동 가능성이다. 채권에 투자해서 돈을 벌기 위해서는 이왕이면 금리가 내려가는 시점에, 그리고 회사의 신용등급이 오를 것으로 예상되는 시점에 투자하는 것이 좋다. 그래야 이자소득과 더불어 자본소득까지 덤으로 얻을 수 있기 때문이다.

만약 채권을 중도에 팔 생각이 없는 투자자라면 금리의 변동 가능성을 몰라도 해당 회사의 신용등급에 대해서는 반드시 따져봐야 한다. 많은 투자자들이 채권을 예금처럼 생각해서 발행회사의 신용등급에 대해서는 간과하는 경향이 많다. 그렇지만 내가 투자하는 채권의 발행회사가 과연 믿을만한 기업인지 아닌지에 대해서는 반드시 따져봐야 한다. 발행회사의 안정성은 채권의 안정성과 직결되는 중요한 부분이기 때문이다. 불과 몇 년 전에 있었던 동양사태를 떠올려본다면 이해가 빠를 것이다. 높은 금리에 현혹되어 설마라는 생각에 덥석 투자를 했다가는 투자한 자금을 모두 날리는 일이 발생할지도 모르기 때문이다. 채권에도 원금 손실의 위험은 항상 존재한다.

채권형 펀드에는 어떤 것이 있나요?

채권에 투자하는 펀드에는 어떤 것이 있는지 알아보자. 일부 채권형 펀드는 보유한 채권을 만기까지 보유함으로써 이자를 받는 만기보유전략을 쓰기도 하지만, 대부분의 채권형 펀드는 채권의 이자소득보다 매매를 통한 자본소득에 초점을 맞추고 있다. 그렇기 때문에 채권형 펀드에 투자하기 앞서 향후 금리 수준이 어떻게 변할 것인지에 대한 고민이 필요하다. 금리의 변동성이 채권형 펀드의 수익률과 직결되기 때문이다.

채권형 펀드는 크게 국공채 펀드, 회사채 펀드, 그리고 하이일드 펀드로 나뉜다. 국공채 펀드는 중앙정부가 발행하는 채권인 국채와 지방자치단체나 특별법에 의해 설립된 법인이 발행하는 공채에 투자하는 펀드이다. 국가가 부도나지 않는 한 채권의 안정성을 담보받기 때문에 안정성은 뛰어난 반면, 수익률은 다소 낮다. 회사채 펀드는 우량한 기업이 발행한 채권에 투자하는 펀드로, 국공채 펀드보다 신용도는 다소 낮지만 높은 수익률을 기대할 수 있다. 마지막으로 하이일드 펀드는 고위험 고수익의 채권형 펀드로, 투기등급에 해당하는 정크본드에 주로 투자한다. 수익률 추이는 주가지수와 비슷한 양상을 띠고 있는 만큼 주의가 요구된다.

9. 달러

2008년 금융위기 이전에 중국에 투자하는 펀드가 한참 인기를 끌던 시기가 있었다. 사실 단순한 인기 차원이 아니라 광풍이라 해도 과언이 아니었다. 그 당시 금융기관에서는 중국에 쏠린 투자자들의 관심을 돌리기 위해 분산투자 명목으로 인도, 러시아, 브라질, 베트남 그리고 동남아시아 등 신흥국가 주식을 편입하는 펀드를 권유했고, 많은 사람들이 펀드 붐에 편승하여 이러한 펀드에 가입했다. 그러나 분산투자를 했음에도 불구하고 이들 펀드는 너무나 같은 방향으로 움직였다. 오를 때는 다 같이 올랐고, 떨어질 때도 다 같이 떨어졌다. 다양한 국가에 분산투자를 했는데 왜 이런 일이 발생했을까?

분산투자란 무엇인가?

분산투자란 하나의 자산에 집중해서 투자하기보다 여러 자산에 골

고루 투자하는 것으로, 투자 시 발생할 수 있는 위험을 적정한 수준에서 관리하기 위한 하나의 투자기법이다. 분산투자의 주된 목적은 수익률보다 위험관리에 있다.

투자하는 데 위험관리가 더 중요한 이유는 첫째, 한순간의 판단 착오로 그동안 쌓아올린 모든 부를 잃어버릴 수도 있기 때문이다. 200년 전통의 영국 베어링스 은행의 파산, "세계 최고의 금융집단"이라는 찬사를 받았던 롱텀캐피털매니지먼트(LTCM)의 파산 그리고 미국 4대 투자은행인 리먼브라더스의 파산에서 알 수 있듯이 부와 명성을 쌓아올리는 데는 오랜 시간이 걸릴지 몰라도 모든 것을 잃는 데는 그리 긴 시간이 필요하지 않다.

둘째, 50%의 손실을 만회하기 위해서는 50%의 추가적인 수익이 필요한 것이 아니라 100%의 추가수익이 필요하기 때문이다. 예를 들어 100원을 투자했다가 50%의 손실을 봤다고 하자. 그럼 남은 원금은 50원이 되는데 50원을 100원으로 만들기 위해서는 현재 남은 50원의 두 배가 되는 100%의 수익이 필요하다. 즉, 한 번의 손실을 만회하기 위해서는 더 많은 노력을 기울여야 한다는 사실을 잊어서는 안 된다.

그러나 대부분의 금융기관에서는 분산투자의 목적을 위험관리보다는 다양한 상품을 고객에게 팔기 위한 하나의 수단으로 생각했던 것이 사실이다. 제대로 된 분산투자를 하기 위해서는 분산투자를 하고자 하는 자산 간의 상관관계를 고려해야 하는데, 솔직히 이에 대한 인식이 낮았다. 상관관계란 두 변량 중 한쪽이 증가함에 따라 다른 한쪽이 증가 또는 감소할 때 두 변량 사이의 관계를 말한다. 피자와 콜라의 관계처럼 피자의 매출이 늘어남에 따라 콜라의 매출도 늘어난다면 둘 사이에는 양의 상관관계가 존재한다. 반면 고도와 산소량처럼 고도가 높아짐에 따라 산소량이 줄어든다면 음의 상관관계가 존재한다. 물론 두 변량 사이에 어떠한 상관관계도 존재하지 않는 경우도 있다.

A와 B라는 두 개의 투자자산이 있다고 가정해보자. A와 B자산이 같은 방향으로 움직인다면, 즉 양의 상관관계에 있다면 A자산이 떨어질 때 B자산도 정도의 차이는 있겠지만 떨어질 것이다. 반대로 A자산이 오를 때 B자산도 오를 것이다. 이처럼 양의 상관관계에 있는 자산에 투자했다면 분산투자를 했지만 오를 때는 같이 오르고 떨어질 때는 같이 떨어지기 때문에 분산투자의 효과를 제대로 볼 수 없다. 앞서 언급했던 신흥국가에 투자했던 펀드들은 양의 상관관계를 보였기 때문에 아무리 많은 펀드로 쪼개어 투자했다 하더라도 하나의 펀드처럼 같은 방향으로 움직였던 것이다.

이번엔 A와 B자산이 음의 상관관계에 있다고 가정해보자. A자산이 10% 떨어질 때 B자산이 5% 오른다면 A자산의 손실을 어느 정도 상쇄시킬 수 있을 것이다. 운이 좋아 B자산이 15% 정도 올라준다면 A자산의 손실 이상의 수익을 올려 전체적으로 플러스 수익률을 유지할 수 있다.

분산투자를 제대로 하려면 양의 상관관계에 있는 자산보다 음의 상관관계에 있는 자산에 투자하는 것이 좋다. 수익은 양의 상관관계에 있는 투자자산에 투자했을 때보다 낮을지 몰라도 자신이 감내할 수 있는 수준으로 위험을 관리함으로써 안정적으로 투자를 영위할 수 있기 때문이다. 그렇다면 많은 사람들이 투자상품으로 선호하는 국내 주식의 경우 어떤 자산과 가장 상관관계가 낮을까? 그건 바로 '달러'다.

• 주식과 달러는 음의 상관관계이다

2007년부터 환율과 주식의 움직임을 비교하면 2007년 10월 29일 900.70원까지 떨어졌던 환율은 이후 금융위기를 거치면서 2009년 3월 2일 1,575.00원까지 올랐다. 반면 주식시장은 같은 기간 코스피지수가 2,062.92포인트에서 1,018.81포인트까지 떨어졌다. 주식시장의 하락률은 50.6%였던 반면 환율에서의 상승률은 74.9%였다. 만약 주식형 펀드에서 손실을 봤지만 환율에서 얻은 이익의 일부를 상대적으로 가격이 싸진 주식형 펀드에 투자를 했다면 어떻게 됐을까?

생각해보면 IMF와 카드사태와 같이 한국에 굵직한 경제 위기가 도래하는 순간에 환율은 언제나 급등했다. 만약 주식에 투자한 사람이 한국 경제의 위기의 순간을 대비해 꾸준히 달러를 매수한다면, 달러에 투자한 자금이 위기극복을 위한 소중한 밑거름이 될 것이다.

이제는 이익을 극대화하기 위해 한 가지 자산에 전부 투자하거나 부채를 활용하는 식의 재테크 전략은 사라져야 한다. 분산투자를 하더라도 투자대상 간 상관관계를 고려하여 분산효과를 최대한 낼 수 있는 방향으로 투자해야 한다. 왜냐하면 돈을 버는 것보다 돈을 잃지 않는 것이 더 중요하기 때문이다. 이번에는 워런 버핏의 투자원칙을 소개하면서 글을 마무리하도록 하겠다.

> **● 워런 버핏의 투자원칙 ●**
>
> 제1원칙 : 돈을 잃지 않는다
> 제2원칙 : 제1원칙을 잊지 않는다

10. 보험

내일을 대비하는 현명한 사람은 오늘부터 준비하되,
모든 달걀을 한 바구니에 담아놓지 않는다.
– 미겔 데 세르반테스

　과거 보험하면 "아줌마 부대"가 떠올랐던 시절이 있었다. 혈연, 학연, 지연 등 모든 인맥을 동원해 '묻지마'식 가입을 강권하던 때였다. 그 당시에는 보험설계사들의 수준이 낮았을 뿐만 아니라 보험에 대한 일반인들의 인식도 높지 않았다. 보험설계사 중에는 상품에 대해 제대로 알지도 못하면서 친분을 무기로 가입을 권유하고, 자신의 인적 네트워크를 모두 소진하면 회사를 그만두는 일명 '먹튀' 보험설계사들도 많았다. 믿었던 보험설계사가 사라지고 나니 막상 사고가 발생했을 때 자신이 가입한 보험에서 이를 보장한다는 사실조차 모르고 지나가는 경우도 많았다. 알았다고 하더라도 보험금을 받기 위해 소비자가 고군분투해야 하는 상황이 연출되었다. 관리가 안 되는 탓에 보험의 필요성을 제대로 인지할 수도 없었고, 급전이 필요할 땐 막대한 손해를 감수하면서 해약할 수밖에 없었다. 그러다 보니 자연스럽게 보험에 가입하면 손해라는 생각이 자리 잡게 되었는지도 모른다.

필자의 부모님만 하더라도 이런 이유로 보험 가입을 극도로 꺼리셨다. 하지만 환갑을 훌쩍 넘기신 지금은 '제대로' 된 보험이 없다며 못내 아쉬워하신다. 몸이 아파 병원을 내 집처럼 드나드는 일이 다반사인데, 주머니는 가벼워지니 보험이 생각나시는 것 같다. 사실 필자도 아쉽기는 매한가지다. 갑자기 힘든 일이 벌어졌다고 상상하면 등골이 오싹해진다.

가족이 힘들 때 피어나는 보험이란 꽃

예전에 "보험의 꽃은 가족이 힘들 때 피어납니다"라는 카피의 보험사 광고가 있었다. 이 카피만큼 보험의 필요성을 제대로 표현한 것은 없다고 생각된다. 우리나라처럼 사회안전망이 튼실하지 않은 사회일수록 가장이 사고로 더 이상 돈을 벌 수 없게 되었을 때 가족 전체가 빈곤층으로 전락하는 것은 시간문제이다. 사실 이럴 때 가장 필요한 것이 바로 보험이다. 그래서 보험을 비장의 카드라 표현하고 싶다. 쓰지 않을 수도 있으나, 가장 결정적일 때 유용한 카드이기 때문이다.

물론 세상에 공짜란 없다. 비장의 카드를 마련하기 위해서는 그에 상응하는 대가가 있어야 한다. 바로 보험료이다. 보험의 특성상 지금 당장 내 주머니에서 보험료가 빠져나가는데도 그 혜택을 미래에 받거나, 어쩌면 받지 못할 수도 있다 보니 아까울 수 있다. 건강한 사람일수록 이러한 인식이 더 강한데, 절대 그렇게 생각해서는 안 된다. 보험료를 미래의 혜택과 비교해서는 안 된다. 보험료는 오늘 하루도 무사히 보낼 수 있게 해준 것에 대한 일종의 감사헌금이다. 보험을 통해 이익을 보려고 하면 안 된다. 보험은 단지 위기의 순간을 위해 준비해둔 비장의 카드일 뿐이다. 비장의 카드를 쓸 일이 없을수록 행복한 것이다.

건강하다면 보험은 늦게 가입해도 상관없다고 이야기하는 사람도 있는데, 오히려 그 반대이다. 보험은 건강할수록 그리고 좀 더 어릴수록 빨리 가입해야 유리하다. 그래야 보험료가 조금이라도 더 저렴해지기 때문이다. 나이가 들수록 그리고 몸에 하나둘 이상이 생길수록 보험료는 점점 더 올라간다. 최악의 경우 정말 필요한 시점에 가입이 거절될 수도 있다.

● 보험, 어떻게 가입하고 어떻게 관리해야 하나?

보험은 상해와 질병, 조기 사망 및 장기 생존의 위험으로부터 우리를 보호하기 위한 안전장치이다. 세 가지 위험을 한 번에 다 '제대로' 보장받는다면 좋겠지만 현실적으로 그런 보험은 없다. 그래서 각각의 보험을 자신의 상황에 맞춰 가입해야 한다. 만약 소득이 적어 보험가입 우선순위를 둬야 한다면 의료실비보험, 종신보험, 연금보험순으로 가입할 것을 추천한다.

의료실비보험은 두말할 필요도 없다. 반드시 가입해야 할 상품이다. 젊을 때야 혜택을 받을 일이 거의 없다고 해도 사람은 누구나 나이를 먹게 되면서 자연스럽게 아픈 곳이 생기기 마련이다. 젊어서부터 대비를 해야 보다 저렴한 비용으로 혜택을 볼 수 있다. 참고로 상해보험의 경우 개별상품으로 가입하기 보다는 의료실비보험이나 종신보험을 통해 특약의 형식으로 가입하는 것이 효과적이다.

종신보험과 연금보험 가입은 조금 더 생각해볼 필요가 있다. 조기 사망에 대한 보장의 성격을 가진 종신보험의 경우 모두에게 필요한 것은 아니다. 종신보험은 남은 가족을 위한 보험이다. 골드미스처럼 마땅히 부양해야 할 가족이 없는 독신 가구라면 굳이 가입할 필요가 없다. 이런 사람들은 오히려 연금보험 쪽에 초점을 맞춰야 한다. 자식이 없어 노후 생활비의 책임을 전적으로 본인이 준비해야 하기 때문이다. 연금보험은 전체적인 자산을 늘려나갈 수만 있다면 굳이 보험의 형식을 빌리지 않더라도 문제없다. 하지만 보험은 종신수령이라는 강력한 무기를 가지고 있는 상품이다. 종신수령, 이 특징 하나만으로도 최소한의 생활비는 연금보험을 통해 준비할 필요가 있다.

종신수령이란 말 그대로 죽을 때까지 돈을 받는다는 것이다. 이러한 수령방식은 오직 보험에서만 존재한다. 그렇다면 다음의 사례를 통해 종신수령이 왜 강력한 무기인지 살펴보도록 하자. 좀 더 쉽게 설명하기 위해 몇 가지 가정을 해보겠다.

가정　A라는 사람은 40세에 연금보험에 가입하여 60세부터 연금을 타기로 되어 있다. 연금에 가입한 시기에 기대여명은 80세였고, 연금을 타기로 한 60세에는 기대여명이 90세로 늘었다. 20년간 모은 연금자산은 2억 4천만 원이다. 계산의 편의를 위해 보험에 적용되는 이율은 0%이고, 보험 가입에 따른 수수료나 비용은 발생하지 않는다고 가정하겠다.

A씨는 60세부터 연금을 타게 되는데 연금수령액은 연금을 받는 60세 시점이 아닌, 처음 가입했던 40세 때의 기대여명으로 산출하게 된

다. 여기서 연금보험의 중요한 특징 한 가지를 잠깐 설명하고 넘어가 겠다. 연금보험의 경우 기대여명이 중요하다. 기대여명은 연금액을 산 출하기 위해 필요한 중요한 자료이기 때문이다. 가입한 시점의 기대여 명을 사용하느냐 연금수령 시점의 기대여명을 사용하느냐에 따라 받 게 되는 연금액이 달라진다. 90세까지 산다고 가정하고 연금액을 산출 하는 것보다는 80세까지 산다는 가정 하에 연금액을 산출하는 것이 훨 씬 이득이다. 2억 4천만 원을 30년 동안 나눠받는 것(240,000,000원 ÷ 360개월 = 666,666원)보다는 20년 동안 나눠받는 것(240,000,000원 ÷ 240 개월 = 1,000,000원)이 금액상으로 이익이기 때문이다. 만약 80세까지 산다는 가정 하에 연금액을 산출했는데 수령방법을 종신수령으로 했 다면 어떻게 될까? 가입 당시의 기대여명(80세)까지 받는 돈은 본인이 모은 돈으로 받는 연금이지만, 기대여명을 초과해서 받는 돈은 순전히 보험사의 돈이다. 80세까지 매월 100만 원씩 받아 본인이 모은 연금자 산을 모두 소진했어도 죽을 때까지 계속해서 100만 원씩 나오는 것이 다. 기대수명이 점점 늘어난다는 점을 고려해봤을 때 오래 살수록 이 익이 바로 종신연금이다(종신보험에 대한 전반적인 이해를 돕고자 최대한 단순화하여 설명하였다. 보다 정확한 수치의 산출을 위해서는 보험 전문가를 만나 상담할 것을 추천하는 바이다).

물론 한번 보험에 가입했다고 해서 끝나는 것은 아니다. 보험도 지 속적인 관리가 필요하다. 일반적으로 보험은 소득의 8~10% 정도가 적당한데, 소득이 늘어나면서 소득대비 보험가입금액은 상대적으로 줄어들게 될 뿐만 아니라 인플레이션으로 보험금의 가치가 하락하기 때문에 주기적으로 보험을 업그레이드할 필요가 있다. 게다가 자녀출

생으로 보장받아야 할 가족의 수가 늘어난다면 보장금액은 더욱더 커져야 한다.

소득이 낮을수록 보험을 낭비라고 생각하면 안 된다. 소득이 낮더라도 위험을 대비한 비장의 카드 하나쯤은 가지고 있어야 한다. 나 혼자 조심한다고 절대 안전한 세상이 아니다. 자신의 부주의나 실수로 사고를 당하는 경우도 있지만, 단지 그 순간 그 자리에 있었다는 이유만으로 어떻게 손 써볼 틈도 없이 당하는 사고도 많다. 삼풍백화점 붕괴사고, 성수대교 붕괴사고, 대구 지하철 화재 참사, 마우나 리조트 붕괴사고, 그리고 세월호 참사까지 대형사고는 물론, 지금 이 순간에도 어디선가 발생하고 있을 교통사고까지 감안한다면 사고의 가능성은 늘 도사리고 있음을 명심해야 한다. 더욱이 사스, 신종플루, 메르스까지 듣도 보도 못한 새로운 질병들이 계속해서 생겨나고 있다. 이렇게 위험한 세상, 자신만의 비장의 카드 하나쯤은 가지고 있어야 하지 않을까? 보험은 투자가 아니라 위험에 대비한 최소한의 보호장치라는 점을 절대 잊어서는 안 된다.

'하우스 푸어(House Poor)' 걱정 없이 주택을 구입하는 방법

한때 '하우스 푸어(House Poor)'가 사회적인 문제로 대두되었던 적이 있었다. '하우스 푸어'란 집을 보유하고 있으나 무리한 대출로 인한 이자 부담으로 정상적인 생활이 어려운 사람들을 가리키는 말이다. 당시 부동산 시장을 살펴보면 수많은 '하우스 푸어'가 양산될 수밖에 없는 구조였다. 투기꾼뿐만 아니라 일반인들까지도 무리하게 대출을 받아 주택을 사는 것이 보편화되었고, 일정 기간 살다가 주택의 가격이 오르면 다시 팔고 더 넓은 평형의 새로운 주택을 구입하는 패턴을 통해 부를 축적해가는 것이 당연하게 여겨졌다. 부동산 시장에 상당한 거품이 낄 수밖에 없었고, 이러한 거품이 유지되기 위해서는 반드시 부동산 시장의 상승세가 이어져야만 했다.

그러나 금융위기를 거치면서 부동산 시장이 하락하기 시작했고, 집을 팔더라도 대출금이나 전세금을 다 갚지 못하는 이른바 깡통주택이 속출하게 되었다. 다행히 정부에서 부동산 경기를 살리기 위해 총력을 기울인 결과 '하우스 푸어' 문제는 한숨 돌리게 되었다. 하지만 앞으로 금리는 오르고, 부동산 시장은 하향 안정화되어 간다고 봤을 때 '하우스 푸어' 문제는 언제든 다시 수면 위로 떠오를 가능성이 존재한다. '하우스 푸어'가 될 걱정 없이 주택을 구입하기 위해서는 어떻게 해야 할까?

1. 주택, 투자의 대상이 아니라 거주의 공간이다

지금까지 우리는 주택을 거주의 공간이 아닌 투자의 대상으로 보았다. 그렇지만 이제는 주택을 가정의 보금자리로 인식해야 한다. 주택이 투자의 대상이었을 때 대출이자는 미래를 위한 투자였다. 반면 주택이 거주의 공간일 때 대출이자는 오늘 하루 우리 가족에게 따뜻한 보금자리를 제공해준 데 대한 비용이다. 비용은 일단 지불하면 없어지는 것이다. 그렇기 때문에 비용을 자신의 수준에 맞출 필요가 있다. 즉, 무리한 대출은 피해야 한다.

주택이 투자의 대상이었을 때는 상대적으로 가격 상승폭이 컸던 아파트에 모든 관심이 쏠렸었다. 그렇지만 거주의 공간으로 주택을 봤을 때는 좀 더 다양한 주거공간이 눈에 띌 것이다. 땅콩주택에서부터 단독주택, 다세대, 다가구, 주거용 오피스텔 등 우리 주변에는 다양한 형태의 주거공간이 존재하고 있다. 이러한 주택들은 아파트보다 가격이 상대적으로 저렴한 편이다. 보다 저렴한 주택으로 눈을 돌린다면 필요한 대출금액도 줄일 수 있어 상대적으로 부담도 덜 할 것이다.

2. 주택구입을 위해서는 최소 2~3년 전부터 준비하자

주택 구입에는 큰돈이 필요하다. 그런 만큼 철저한 준비가 요구된다. 왜냐하면 내가 사려고 하는 주택 가격의 기준을 세우기 위해서다. 가격 기준이 있어야 내가 사려고 하는 시점의 주택 가격이 싼지 비싼지 알 수 있다. 조금이라도 싸게 사야 그만큼 대출을 더 적게 받을 수 있다. 게다가 같은 아파트 단지라고 하더라도 내부 상태는 물론 동이나 층, 향에 따라 가격이 다 다르므로 나름의 기준을 세워야 한다.

이사를 가야 하는 시기가 닥쳐서 집을 구하려고 하면 늦는다. 최소 2~3년 전부터 준비해야 한다. 살고 싶은 지역을 몇 군데 정해놓고 주기적으로 부동산 중개업소를 방문하자. 그 지역의 호재가 무엇이고 가격이 어떻게 변하고 있는지 계속해서 듣다 보면 가격의 적정선을 알 수 있다. 적당한 가격을 알아야 미리 자금조달 계획을 세우고, 운이 좋다면 매도자의 사정으로 급매로 나온 물건을 살 수도 있다.

3. 스트레스 테스트, 최악의 상황을 가정하라

스트레스 테스트란 금융위기 이후 은행들의 안정성을 평가하기 위해 실시하는 테스트로, 다양한 상황을 가정하여 변화를 주었을 때 얼마나 안정적인가를 측정하는 것이다. 주택을 담보로 대출 받기를 고려하고 있다면 이러한 테스트를 실시하여 가정의 재무 안정성을 파악해보자. 만약 출산이나 육아 문제로 혹은 몸이 아파서 더 이상 맞벌이가 불가능하다면 어떨까? 지금보다 금리가 2~3% 더 올라도 버텨낼 수 있을까? 지금보다 주택 가격이 20% 정도 떨어진다고 하더라도 문제는 없을까? 이렇게 다양한 상황을 고려해서 충분히 버텨낼 수 있다고 판단된다면 대출을 이용하여 주택을 구입해도 좋다.

4. 대출은 소득의 3배를 넘어서는 안 된다

보통 주거관련 부채는 대출 원금과 이자는 물론 재산세, 주택화재보험료, 아파트 관리비에 이르기까지 주택과 관련해서 나가는 모든 비용을 포함한다. 재무설계에서는 이러한 비용이 총소득의 28% 이내일 때 적정한 수준으로 보고 있다. 소득의 대부분을 주택담보대출 상환에 사용한다면 상대적으로 미래에 대한 준비가 소홀해질 수밖에 없기 때문이다.

이 정도 수준에서 주택담보대출을 받으려면 대출금액은 소득의 3배를 넘어서는 안 된다. 왜 그런지 한번 계산해보자. 계산의 편의를 위해 상환해야 할 대출 원금과 이자를 제외한 기타 부대비용은 고려하지 않았다. 대출금리는 5%로, 대출기간은 30년 즉시분할로 가정해보자. 2015년 12월 현재 주택담보대출 최저금리가 3% 초반임에도 이자수준을 5%로 한 이유는 향후 금리가 인상되더라도 견딜 수 있도록 보수적으로 잡은 것이다. 또한, 대출 원금 상환의 부담을 최대한 줄이기 위해 대출기간은 최장인 30년으로 했다. 그러면 대략 아래의 표와 같은 결과를 얻을 수 있다.

소득 (A)	대출 (소득의 3배) (B)	1년간 원금 상환금액(C) (총기간 30년) (B)/30 = (C)	1년간 이자 5% 기준 (D)	원리금상환금액 (1년 단위) (E) (C) + (D) = (E)	소득대비 주거관련 부채비율 (E) / (A)
30,000,000	90,000,000	3,000,000	4,500,000	7,500,000	0.25(25%)
50,000,000	150,000,000	5,000,000	7,500,000	12,500,000	0.25(25%)
70,000,000	210,000,000	7,000,000	10,500,000	17,500,000	0.25(25%)
90,000,000	270,000,000	9,000,000	13,500,000	22,500,000	0.25(25%)

위의 표에서 보는 것처럼 소득의 3배 수준에서 대출을 받았을 때 소득대비 주거관련 부채비율이 25%가 된다. 물론 계속해서 원금이 상환됨에 따라 매년 부담해야 할 이자금액도 점점 줄어들어 시간이 지날수록 부채비율은 25% 이하로 내려가게 된다. 참고로 대출금액이 소득의 3배보다 작을수록, 금리가 5%보다 낮을수록 소득대비 주거관련 부채비율은 내려간다. 이 수치가 내려갈수록 가정의 재무건전성은 더욱 높아진다는 점을 기억하길 바란다.

5. 구입시점부터 소득공제를 고려하라

근로소득자인 무주택 세대주가 주택을 구입하기 위해서 주택에 저당권을 설정하고 받은 대출에 대해서는 당해 연도에 지급한 이자상환액의 소득공제를 받을 수 있다(장기주택저당차입금 이자상환액 소득공제). 소득공제조건과 한도는 다음과 같다.

〈소득공제조건〉
(1) 채무자와 주택의 소유주가 동일할 것
(2) 취득 당시 무주택 세대주(2014년 1월 1일 이후 취급분은 취득 당시 무주택 또는 과세기간 종료일 현재 1주택자)

(3) 취득 당시 주택의 기준시가가 4억 원 이하일 것(기준시가는 부동산 공시가격으로 적용하며 KB시세나 담보기준가가 아님)

(4) 주택 소유권 이전등기 또는 보존등기일로부터 3개월 이내에 차입

(5) 대출기간은 총 15년 이상일 것

〈소득공제한도〉

(1) 대출 기간 15년 이상 : 500만 원

(2) 대출 기간 15년 이상 & 고정금리 혹은 비거치식 분할상환 : 1,500만 원

(3) 대출 기간 15년 이상 & 고정금리 & 비거치식 분할상환 : 1,800만 원

위의 내용은 2015년 12월 31일 현재 세법을 기준으로 작성하였다. 장기주택저당 차입금과 관련된 세법이 지속적으로 바뀌고 있기 때문에 주택을 구입하기 전에 관련 내용을 반드시 확인해야 한다. 대출이자에 대해 소득공제를 받을 수 있다면 대출 금리 인하효과를 볼 수 있으므로 가능하다면 소득공제를 잘 활용해야 한다.

대출의 일곱 가지 기술

브랜든 프레이저와 엘리자베스 헐리 주연의 〈일곱 가지 유혹〉이라는 영화가 있다. 따분한 일상을 보내던 주인공이 자신의 영혼을 담보로 악마와 계약을 하는데, 주인공의 소원은 악마의 계략으로 뭔가 부족한 상태로 이루어지게 된다. 사랑하는 사람과 결혼도 하고 부자가 됐지만 주인공의 직업은 마약상에, 부인은 다른 놈과 바람이 났다. 유명한 운동선수가 됐지만 그에게는 말 못 할 치명적인 약점이 있었고, 명석하고 부유한 시인이 됐지만 게이로 변해버리는 등 원하는 바를 이루었지만 치명적인 약점으로 결코 만족할 수 없게 되었다.

이 영화를 언급한 이유는 우리가 손쉽게 이용하는 대출도 여기에 나온 아주 매력적인 악마와 별반 차이가 없다고 생각되기 때문이다. 수많은 금융회사는 사람들에게 말한다. 원하는 것이 있으면 가지라고. 하지만 그 뒤에 발생할 일에 대해 아무도 이야기하지 않는다. 악마가 소원을 들어준 대가로 주인공의 영혼을 가져가려 했듯이 과도한 대출은 결국 고통을 남긴다.

과도한 대출을 이용하는 것은 늪에 빠지는 것과 다름없다. 저축에만 복리의 법칙이 작용하는 것은 아니다. 대출에서는 저축보다 더 빨리 복리의 법칙이 작용하여 아차 하는 순간 대출이자가 눈덩이처럼 불어나기 마련이다. 만약 스스로 대출을 효과적으로 통제할 수 없다고 판단된다면 대출을 받는 것을 다시 한 번 생각해보거나, 필요한 대출 규모 자체를 확 줄일 필요가 있다. 대출에 휘둘리는 순간 최악의 상황이 눈앞에 펼쳐질 수도 있기 때문이다.

그럼에도 대출이 꼭 필요한 경우가 있다. 전세자금대출이나 주택담보대출처럼 가족의 보금자리를 위한 대출, 사업에 필요한 대출, 투자용 대출 등이 그것이다. 그래서 이번에는 현명하게 대출을 사용하는 기술에 대해 살펴보고자 한다.

1. 대출을 받기 전에 먼저 대출 상환 계획부터 세운다

대출에는 계획이 필요하다. 그리고 계획은 보다 구체적이고 현실적이어야 한다. 단순히 상황이 좋아질 거라는 막연한 기대감으로 대출을 받아서는 안 된다. 일이 좀처럼 풀리지 않아 갈수록 꼬이는 경우도 허다하다. 만약 주택을 구입하고자 대출을 받으려고 한다면 나중에 집값이 오르면 팔고 대출을 갚겠다고 생각하기보다는 대출을 받은 바로 다음 달부터 원금과 이자를 같이 갚아가겠다고 계획을 세우는 편이 좋다. 사정상 도저히 원금 상환이 힘들다고 판단된다면 대출금액 자체를 줄이거나 다른 방법을 찾는 편이 낫다.

2. 대출을 받아야 한다면 적극적으로 금리와 조건을 비교하자

처음으로 대출을 받는다면 발품을 팔아서라도 여러 금융기관에 상담을 받고 자신에게 맞는 대출조건을 찾을 필요가 있다. 대출을 받고자 하는 사람의 조건이 동일하더라도 금융기관별로 우대의 폭이 다르기 때문이다. 주거래 은행이라고 무조건 믿어서는 안 된다. 오히려 신규고객창출을 위해 처음 거래하는 고객에게 더 많은 혜택을 주는 은행도 있다.

대출을 받기 전에 꼼꼼히 대출조건을 비교해야 하는 이유는 바로 중도상환수수료에 있다. 중도상환수수료란 최초 약정한 기간보다 먼저 대출을 상환할 경우 발생하는 비용으로, 나중에 더 좋은 조건을 발견해도 중도상환수수료 탓에 옮길 수 없는 상황이 발행할 수도 있기 때문이다.

3. 현재 금리가 높은 수준이라면 변동금리 대출을, 금리가 낮은 수준이라면 고정금리 대출을 받자

경기가 호황일 때는 경기를 억제하기 위해 금리를 올리고, 경기가 불황일 때는 경기를 살리기 위해 금리를 내린다. 명심해야 할 점은 호황일 때는 호황이 영원히 지속될 것처럼 보이지만, 결국 호황과 불황은 번갈아 온다는 것이다. 따라서 현재 금리 수준이 낮다(불황)면 금리가 오르는 시점(호황)을 대비해 고정금리 대출을 받고, 반대로 금리 수준이 높다면 향후 금리가 떨어질 것을 대비해 변동금리 대출을 받는 편이 좋다.

4. 주택담보대출이라면 세금혜택도 고려하자

주택 관련 대출을 통해 받게 되는 소득공제는 두 가지가 있다. 하나는 앞에서 설명한 주택을 구입하면서 받은 장기주택저당차입금 이자상환액에 대한 소득공제이고, 다른 하나는 주택임차차입금에 대한 소득공제이다. 주택임차차입금이란 쉽게 말해 전세자금대출을 의미한다. 근로자인 무주택 세대주가 국민주택규모 이하의 주택을 임차하면서 받은 대출에 대해서는 주택청약저축 소득공제와 합산하여 연 300만 원 한도로 원리금상환액의 40%를 소득공제 받을 수 있다. 임대차계약서상 입주일과 주민등록등본상 전입일 중 빠른 날로부터 전후 3개월 이내에 받은 대출금은 임대인의 계좌로 직접 입금되어야 한다. 총급여에 대한 제한이 없고 단독세대주도 소득공제가 가능하기 때문에 주택임차 관련 대출을 받고 있다면 소득공제가 가능한지 한번 확인해볼 필요가 있다. 누차 이야기하지만 소득공제를 통해 세금을 환급받는 것은 이자 절감효과를 누릴 수 있기 때문에 적극적으로 활용해야 한다(이 내용은 2015년 12월 31일 현재 기준으로 작성되었다. 세법에 대한 내용은 지속적으로 변경되기 때문에 사전에 이를 확인할 필요가 있다).

5. 대출상환에도 순서가 있다

일반적으로 소액이면서 대출을 받기 편리할수록 대출 금리가 높다. 소액대출은 산탄총과 같아서 개별적인 총알의 위력은 낮지만, 쌓이다 보면 어마어마한 위력을 가진 무기로 둔갑할 수 있다. 게다가 대출이 여러 곳에 분산되어 있다면 관리하기가 힘들어 아차 하는 순간 연체할 가능성이 크다. 이왕 대출을 받는다면 한곳으로 모아 관리하는 편이 좋고, 소액대출부터 먼저 상환해야 한다.

6. 적극적으로 금리인하 방법을 모색하자

대출을 받았다면 금리인하요구권을 활용하자. 대출이자 조건은 한번 결정되면 만기 때까지 그대로 유지하는 경우가 대부분이다. 하지만 승진이나 연봉상승, 전문자격증 취득 또는 신용등급이 개선되었다면 해당 금융기관에 금리인하를 요구할 수 있다. 담보대출이나 직업의 특수성에 따른 대출이 아니라, 전적으로 본인 소득수준과 신용에 따라 금리가 산출되는 신용대출이라면 대출을 받은 시점에서 3개월이 지난 후에 금리인하요구권을 행사할 수 있다.

또한, 카드사나 저축은행 또는 대부업체로부터 대출을 받았다면, 해당 대출을 은행 상품으로 바꿀 수 있는 방법을 강구해봐야 한다. 은행에서 대출을 받을 수 있음에도 불구하고 쉽고 빠르게 대출받을 수 있다는 이유만으로 제2금융권을 이용하는 사람들이 있다. 거래하는 금융기관에 따라 기본적인 금리 수준 자체가 달라기 때문에 동일한 조건이라도 제2금융권의 대출금리가 은행보다 훨씬 높다는 점을 잊어서는 안 된다. 해당 금융기관을 통해 금리인하 방법을 찾는 것도 좋지만, 은행으로 금융기관을 옮기는 것이 더 현명하다.

7. 대출상환에 올인 하지 말자

돈이 생기면 대출상환에 올인 하는 사람들이 있다. 이럴 경우 예기치 못한 상황에 직면하게 되어 또 다른 대출을 받아야 할 수도 있으므로 추가적인 자금은 일정한 비율로 대출상환과 저축에 적절히 배분해야 한다. 대출상환은 과거 한 일에 대한 지불의 성격을 가진다면, 저축은 미래를 위한 준비의 성격을 가지기 때문에 과거와 미래에 대한 적절한 조화가 필요하다.

지금까지 대출의 일곱 가지 기술에 대해 살펴보았다. 대출은 피할 수 있다면 피하는 것이 제일 좋다. 하지만 피치 못할 사정으로 대출을 받았다면 혹은 받아야 한다면, 위의 일곱 가지 내용을 잘 고려해서 현명하게 사용하길 바란다.

지금 우리에게 필요한 것은 은퇴를 바라보는 변화된 생각이다. 어떤 생각을 하느냐
에 따라 행동이 달라지기 때문이다.

WORK(은퇴) :

노후의 행복,
정답은 일에 있다

1. 당신의 노후는 어떤가요?

길을 가려면 자기가 어디로 향하는지를 알아야 한다.
– 레프 톨스토이

　이번 장은 노후의 삶을 어떻게 하면 행복하게 보낼 수 있는지 이야기해보려고 한다. 과거 희미하게나마 생각한 노후의 모습과 어느덧 우리 앞으로 성큼 다가온 노후의 모습은 상당히 다를 것이다. 과거에는 오래 산다는 것은 분명 축복이었다. 장수는 모든 인간의 바람이기도 하다. 하지만 요즘은 오래 사는 것은 위험하다고 한다. "장수 리스크"라는 말이 유행할 정도다. 그토록 원하던 꿈이 이루어졌는데 사람들은 오히려 두려워한다. 왜 그럴까? 현실적인 준비가 전혀 되어 있지 않기 때문이다.

　행복한 노후를 위해서는 평생에 걸친 준비가 필요하다. 인생설계는 곧 노후설계라는 말도 있다. 그러나 우리는 현실에 닥친 문제를 해결하는 데 너무 많은 에너지를 쓴 나머지 먼 미래인 노후에 대해서는 제대로 된 준비를 못했던 것이 사실이다.

　노후가 두려운 가장 큰 이유는 바로 의식주와 같은 먹고사는 문제를 제대로 해결할 수 없다는 데 있다. 소득이 없는 상황에서 그 긴 시간 지금껏 모아둔 돈으로 먹고살려니 앞이 깜깜해질 수밖에 없다. 행복방정식에 따르면 가진 것이 많지 않더라도 돈에 대한 욕구를 줄임으로써 행복을 유지할 수 있다. 그런데 우리가 줄일 수 있는 돈의 욕구라는 것에는 분명 한계가 있다. 그 한계란 바로 기본적인 의식주를 해결할 수 있는 수준을 의미한다. 과거에는 젊어서 열심히 벌어둔 돈으로 풍족한 노후를 보낼 수 있었지만, 이제는 더 이상 젊어서 벌어둔 돈으로 노후생활을 감당할 길이 없다. 원하는 만큼 돈을 벌 수도 없을뿐더러 원하는 것 이상으로 너무 오래 살기 때문이다. 물론 변화된 경제상황도 한몫하고 있다.

또 다른 문제는 앞으로 우리가 경험하게 될 노후의 생활방식이 이전의 생활방식과는 전혀 다르다는 점이다. 산을 오를 때와 내려갈 때의 방법이 다르듯 인생의 정점을 지나 노후에 접어들면서는 이전과 다른 삶이 우리를 기다리고 있다. 특히 남성은 이러한 변화의 폭이 여성보다 상대적으로 클 수밖에 없다. 사회적으로 성공한 남성일수록 더욱 그렇다. 보통은 회사에 소속되어 사원으로 일하기 시작해서 점점 더 높은 지위에 올라가기 마련이다. 지위가 올라갈수록 자신이 해야 할 일들을 다른 사람의 도움으로 해결하는 경우도 많아진다. 하지만 노후에는 자신을 도와줄 사람이 없기 때문에 모든 일을 직접 해결해야 한다. 기사가 딸린 차를 탔다면 이제는 손수 운전을 하거나 대중교통을 이용해야 할지도 모른다. 사소한 은행 업무나 행정 업무도 본인 스스로 처리해야 할 것이다. 회사에서는 짜인 스케줄대로 움직였다면 이제는 하루를 어떻게 보낼지 스스로 계획하고 실천해야 한다. 이전에는 인간관계의 중심이 회사였다면 노후에는 가족과 지역사회 중심으로 자연스레 변하게 된다. 그중 가장 큰 변화는 자신의 신분을 나타내줄 명함이 사라진다는 점이다. 남성들의 사회관계 중심에 회사가 위치해 있다는 점을 고려해본다면 회사를 떠난다는 것은 수십 년간 구축해온 사회관계가 송두리째 사라진다는 뜻이기 때문이다.

노후의 행복, 정답은 일에 있다

상황이 이렇게 변했다면 노후를 대비한 새로운 방법이 제시되어야 한다. 비록 여러 상황이 우리에게 우호적이진 않지만 미래의 변화상을 명확히 인지하고 미리 준비한다면 행복한 노후가 불가능한 것도 아니다. 자신의 노후를 위협하는 두 가지 문제, 부족한 생활비와 변화된 생활방식에 대한 해결책으로 힘닿는 데까지 일할 것을 주문하는 바이다. 일을 통해 노후 생활에 부족한 생활비를 보충할 수 있을 뿐만 아니라 급격한 생활방식의 변화로부터 스스로를 지킬 수 있기 때문이다. 이를 위해서는 분명 준비가 필요하다. 아무런 준비 없이 노후를 맞이한다면 여생을 허비하다 후회만 남기고 떠날 수도 있다. 앞으로 이어질 이야기들이 여러분의 노후준비에 조금이나마 보탬이 되었으면 한다.

2. 힘닿는 데까지 일하자

현재의 형상에만 매달리면, 우리는 다음의 형상을 지니지 못하게 된다.
계란을 깨뜨리지 않고서 오믈렛을 만들 수 없다.
– 조지프 캠벨

이번 장의 주제는 요즘 화두가 되고 있는 은퇴 이후의 삶이다. 사실 은퇴라는 말을 쓸 때는 좀 더 신중해야 한다고 생각한다. '은퇴(隱退)'는 직임에서 물러나거나 사회 활동에서 손을 떼고 한가히 지내는 것을 의미하는 반면에 '퇴직(退職)'은 현직에서 물러나는 것을 의미한다. 스스로 생산적인 활동을 그만두고 소비적인 생활을 영위할 때 비로소 은퇴했다고 해야 한다. 자의든 타의든 다니던 회사에서 퇴직했다고 은퇴를 했다고 말하는 것은 맞지 않다. 퇴직과 은퇴는 전혀 다른 개념이다.

그럼에도 불구하고 우리는 아직도 '퇴직이 곧 은퇴'라는 생각이 강한 편이다. 물론 이 생각이 전적으로 틀린 것은 아니었다. 1970년만 하더라도 한국인의 평균 수명은 남자 58.6세, 여자 65.5세로 퇴직은 곧 은퇴였다. 환갑만 되도 성대하게 잔치를 열던 시절이었다. 하지만 2010년 한국인의 평균 수명은 남자 77.2세, 여자 84.4세로 무려 20년이나 늘어났다. 앞으로 평균 수명은 점점 늘어나 100세 시대를 앞두고 있다. 어쩌면 젊어서 일한 시간, 그 이상의 시간을 퇴직 후 보내야 할지도 모른다.

'퇴직이 곧 은퇴'라는 과거 20세기에나 통용되었던 생각을 21세기에도 그대로 적용함에 따라 우리는 두 가지 문제에 직면하게 되었다. 하나는 퇴직 후 나에게 주어진 긴 시간을 어떻게 채워나갈지에 대한 문제이고, 다른 하나는 스스로 더 이상 생산적인 활동에 참여하지 않음에 따라 남은 기간 동안 어떻게 먹고살 것인가의 문제이다.

퇴직 후 그 시간을 어떻게 보낼 것인가

'퇴직이 곧 은퇴'라는 우리의 믿음 이면에는 퇴직 이후의 삶을 그저 힘든 게 일한 젊은 날의 보상으로 생각하는 믿음이 깔려 있다. 당연히 퇴직 이후에는 그동안 소홀히 했던 가족들과 더 많은 시간을 보내고, 못 가본 여행을 떠나고, 잘 만나지 못했던 친구들을 만나고, 취미생활을 하는 등 남은 인생 편안히 즐겨야 진정한 퇴직이자 은퇴라고 생각했던 것이다. 그렇지만 현실은 어떨까?

최근 통계청에서 발표한 '2015 고령자 통계'에 따르면 65세 이상 고령자들의 생활에 대해 잘 알 수 있다. 제일 많은 시간을 할애하는 것은 수면으로 8시간 22분을 쓰고 있었으며, 2위는 TV시청(3시간 48분), 3위는 가사노동(2시간 23분) 그리고 4위가 일(1시간 26분)이었다. 나이가 들수록 돈을 벌기 위해 일하는 시간이 줄어들면서 자는 시간과 TV를 보는 시간이 늘어나는 것으로 나타났다. 특히 80세 이상의 남자 고령자의 경우 하루 5시간 이상을 TV를 보면서 보내는 것으로 나타났다.

우리의 주말을 생각해보면 이해가 쉬울 것이다. 물론 주말에 더 바쁜 사람들이 있다. 하지만 대부분의 사람들은 아마 주말에 늦잠을 자고, 밀린 집안일을 하고, TV 채널을 돌리며 여느 주말과 다름없는 다소 단조로운 하루를 보낼 것이다. 물론 가끔 가족과 여행도 가고, 친구들을 만나기도 하고, 여러 행사에 참석도 하며 바쁠 때도 있다. 하지만 그건 말 그대로 가끔이다. 이런 일시적인 이벤트로 매주 채워간다는 것은 결코 쉬운 일이 아니다. 퇴직 후 우리의 주말이 매일 반복된다고 생각해보자. 이렇게 단조로운 일상이 지속된다면 아마 참기 힘들 것이다.

하루 24시간을 알차게 보내는 것만큼 힘든 일은 없다. 사실 주말을 다소 단조롭게 보내더라도 주말이 기대되는 이유는 바로 직장에서 치열하게 살았던 5일의 시간이 있었기 때문이다. 매일 반복되는 휴식은 결코 달콤하지 않다. 무료하고 지루할 뿐이다.

퇴직 후 어떻게 먹고살 것인가

'퇴직이 곧 은퇴'라고 생각했을 때 생기는 두 번째 문제는 바로 먹고 사는 문제이다. 앞에서 설명한 대로 은퇴는 더 이상 생산적인 활동을 하지 않는 상태를 말한다. 퇴직과 더불어 은퇴하게 되었다면 더 이상 소득이 없다는 이야기다. 그렇다면 젊어서 벌어 놓은 돈으로 퇴직 후 먹고살아야 한다는 뜻인데, 어쩌면 젊어서 일한 기간보다 더 오랜 기간 살지도 모르는 상황에서 이것이 가능할까? 필자는 이 책에서 지속적으로 더 이상 원하는 만큼 돈을 벌 수 없다는 사실을 이야기해왔다. 그리고 이런 전제를 기반으로 네 가지 키워드 '4W(Want, Waste, Wealth,

Work)'를 뽑아낸 것이다. 극히 소수의 사람만이 평생 먹고살 돈을 마련하는데 성공할 뿐이지, 대다수의 사람들에게 죽을 때까지 먹고살 돈을 마련하는 것은 불가능한 일이다.

본인 스스로 준비하기 힘들다면 국가나 자녀에게 도움을 받는 것은 어떨까? 기초연금과 국민연금이라는 좋은 제도가 있을 뿐만 아니라 국가에서 지속적으로 복지혜택을 늘리고 있으니 가능하지 않을까? 사람들은 국가가 제공하는 복지에 대해 회의적이지만, 필자는 이런 복지 제도들이 분명 노후의 삶에 도움이 된다고 생각한다. 다만 자신의 노후를 전적으로 맡기기에는 많이 부족하다는 것이 문제이다.

자녀도 마찬가지다. 우리의 전통 사상인 효(孝)사상을 보면 자식이 늙은 부모를 봉양하는 것은 어찌 보면 너무나 당연하다. 그러나 이제 막 퇴직을 앞둔 사람들의 경우 자식들에게 이를 강요하기란 정말 쉽지 않을 것이다. 지금 사회문제로 대두되고 있는 청년실업 문제와 비정규직 문제, 감당하기 힘들 정도로 높아진 주거비용과 양육비용만 놓고 보더라도 자식 세대가 부모 세대보다 오히려 더 힘든 삶을 살아야 할지도 모른다. 개인적인 생각에는 아마 지금 퇴직을 앞둔 베이비부머 세대가 경제적으로는 한국 역사상 가장 축복받은 세대인 듯싶다.

해답은 일에 있다

퇴직 후 남는 시간과 먹고사는 문제를 해결하기 위한 가장 좋은 방법은 최대한 오래 일하는 것이다. 퇴직 후에도 매월 100만 원씩 벌 수 있는 일이 있다고 생각해보자. 하루를 어떻게 보내야 할지에 대한 고민은 물론 먹고사는 문제도 상당 부분 해결할 수 있다. 참고로 지금처럼 저금리가 고착화되고 있는 사회에서 매월 100만 원의 현금흐름은 정기예금 금리 2%에 세금이 없다고 가정했을 때 6억 원의 자산을 가지고 있는 것과 동일한 효과를 낼 수 있다.

퇴직 후의 새로운 직업은 이전처럼 전업(Full time job)으로 할 필요는 없다. 자신의 상황에 맞게 일하는 시간을 조절하면 된다. 하루 5~6시간 정도 혹은 주 3회 정도의 일이라면 부담 없이 여가와 일 사이의 균형을 유지하기에도 적당하다고 생각한다. 물론 나이를 먹어감에 따라 일하는 시간을 점점 줄일 수도 있을 것이다. 중요한 것은 힘닿는 데까지 일한다는 데 있다.

산업화 사회에서 본격적인 지식정보화 사회로 전환되고 있는 이 시점이 바로 은퇴에 대한 우리의 낡은 생각을 버리고 새로운 생각을 받아들일 수 있는 절호의 기회이다. 앞으로 한국은 저출산으로 부족해진 인력을 보충하기 위해 나이든 사람들을 활용할 방법에 대해 고민할 수밖에 없을 것이다. 나이든 직원들을 내보내기보다는 풀타임 근무제를 파트타임 근무제로 변경하면서 그들의 지식과 경험을 활용하는 기업들이 늘어날 것이다. 일본에서도 고령 노동자들의 노하우를 최대한 활용하기 위해 유연해진 근로시간을 제시함으로써 최대한 오래 남아 일할 수 있도록 지원하는 회사들이 점점 늘어나고 있다.

정부차원에서도 OECD 국가 중 가장 높은 노인 빈곤율을 해결하기 위해 단순히 금전적인 지원을 늘리기보다 노인들에게 일자리를 제공하는 방향으로 정책이 추진될 것이라 생각한다. 왜냐하면 지금의 속도로 고령화 사회에서 초고령화 사회로 넘어간다면 천문학적인 복지비용을 당해낼 재간이 없기 때문이다. 일할 능력이 되고, 일할 의지가 있는 사람에게 일자리를 제공해주는 것만큼 좋은 복지 혜택도 없다.

이렇게 유연한 근무형태의 도입이 활성화된다면 삶과 일의 조화를 통해 인생의 만족도가 높아질 것이다. 물론 노후에 필요한 자금도 어느 정도 조달할 수 있을 것이다. 게다가 적당한 일을 통해 건강을 유지할 수 있을 뿐만 아니라 일하는 동안에는 회사로부터 다양한 의료서비스를 제공받을 수도 있다. 사람들의 생각처럼 고령화가 큰 재앙만은 아닐 것이다. 오히려 새로운 기회일 수 있다.

새로운 시대, 인식의 변화가 필요하다

이제는 '퇴직이 곧 은퇴'라는 생각을 버려야 한다. 퇴직은 새로운 시작을 위한 출발선이다. 퇴직은 새로운 시작을 위해 거쳐야 하는 통과의례일 뿐이다. 퇴직 후 일이 필요하다고 했지만, 그 일이라는 것이 생계를 위한 일만을 의미하지는 않는다. 자신의 취미생활이나 봉사활동을 위해 일할 수도 있다. 주기적으로 꾸준히 할 수 있는 일이라면 모두 가능하다. 퇴직 전에 하던 일의 연장선이 될 수도 있고, 전혀 새로운 분야의 일일 수도 있다. 물론 일이 아니라 새로운 것을 배워보기 위해 공부를 시작할 수도 있다. 전적으로 자신의 선택에 따를 뿐이다.

그래서 은퇴에 대한 새로운 개념을 제안하고자 한다. '생계를 위해 어쩔 수 없이 하던 일로부터 벗어나 본인이 하고 싶어 하던 일을 시작하는 것'이다. 때문에 제대로 '은퇴' 하기 위해서는 젊어서부터 자신이 평생 할 일에 대해 고민하고, 이를 위한 철저한 준비가 필요하다. 물론 평소 건강관리는 필수다. 기존의 은퇴가 소비적인 측면에 포커스를 맞췄다면 새로운 은퇴는 보다 생산적이며 본인에게 즐거움을 주는 방향에 포커스를 맞춰야 한다. 그리고 그 중심에는 일이 있다.

지금 우리에게 필요한 것은 은퇴를 바라보는 변화된 생각이다. 어떤 생각을 하느냐에 따라 행동이 달라지기 때문이다. '퇴직이 곧 은퇴'라고 생각했을 때는 퇴직하고 충분히 무언가 새로운 일을 시작할 수 있는 상황임에도 불구하고 나이를 핑계 삼아 스스로 이런 기회조차 막아 버리곤 했다. 하지만 늘어난 수명을 고려해본다면 이제는 퇴직 후 무언가 새롭게 시작하기에 충분한 시간을 가지고 있다. 이 시간을 활용할 수 있느냐 없느냐는 우리의 선택일 뿐이다.

3. 은퇴, 어디서 왔니?

나는 평생 하루라도 일을 하지 않았다. 그것은 모두 재미있는 놀이였다.
– 토머스 에디슨

　은퇴는 생산 활동의 분업화, 기계화에 따른 산업화가 진행되면서 인류가 고안해낸 생긴 지 얼마 안 된 개념이다. 즉, 은퇴는 자연적인 개념이라기보다 인간의 필요에 의해 만들어진 인위적인 개념인 것이다. 산업화 이전에는 개인이 일의 전 과정에 개입했다. 나이를 먹으면서 체력적인 능력은 떨어질지 몰라도 그만큼 노하우가 축적되었고, 전체적인 관점에서 문제를 해결하는 능력은 높아졌다. 이러한 지적 능력은 부족해진 체력을 보완했을 뿐만 아니라 젊은 사람들에게 일의 방향을 지시하고 이끌어주기에 충분했다. 그러나 산업화 이후 개인은 단지 전체 업무의 일부만을 관여하게 되었다. 주어진 업무만을 반복하면서 일의 생산성은 높아졌지만, 인간은 조직의 부속품으로 전락하고 말았다. 단순작업의 연속이다 보니 노하우가 축적될 리 없다. 그 결과 같은 조건이라면 나이가 많은 사람보다 아무래도 동작이 조금이라도 빠른 젊은 사람을 선호할 수밖에 없었다.

은퇴 개념은 19세기 독일의 철혈재상 비스마르크가 사회복지의 필요성을 느낀 빌헬름 1세의 명을 받아 연금제도를 도입하면서 처음으로 등장하게 된다. 이후 산업화가 진행되면서 19세기 후반에 나이 든 노동자들을 몰아내기 위한 방편으로 많은 국가가 연금제도를 도입하였지만 대중화되지 못했다. 그러다 루스벨트 대통령이 대공황을 타개하기 위한 수단으로 은퇴를 도입하면서 본격적으로 확산되었다. 대공황 당시 실업률은 25%까지 치솟으면서 사회 전반에 불만이 고조되었다. 루스벨트는 이러한 사회 분위기에 힘입어 독일과 이탈리아에 파시즘이 집권하는 과정에 주목하며, 사회적 불만을 해소하기 위한 방법의 하나로 고령의 노동자를 은퇴시켜 만들어낸 일자리를 젊은이들에게 나누어줄 계획을 세웠다. 루스벨트는 연금제도를 도입하면서 50년 전 비스마르크의 사례를 그대로 들여와 은퇴연령을 65세로 정했다. 그래서 65세는 '비스마르크 연령'이라고도 부른다.

세월이 흘러 평균 수명은 100세를 바라볼 정도로 늘었지만 은퇴 나이는 오히려 더 짧아지고 있다. 비스마르크가 처음 은퇴를 도입했을 당시의 독일 평균 수명이 46세에 불과했고 50년 후 루스벨트가 은퇴를 도입했을 당시의 미국 평균 수명은 63세인 점을 고려해본다면, 한국의 은퇴 나이가 50대라는 것은 너무 빠르다고 생각된다. 100년 전 50대와 지금의 50대는 정신적으로나 육체적으로 비교 대상이 될 수 없다. 지금의 50대는 아마도 인류 역사상 가장 정열적이며 활동적인 50대이다. 이런 50대가 은퇴해서 30~40년의 시간을 그저 빈둥거리며 보내기에는 그들의 열정이 너무 아깝다.

일하는 시기와 노는 시기?

　금융기관들은 이러한 현실을 이용해 자신들의 상품을 팔기 위해 혈안이 되어 있다. 아니, 오히려 현실을 과장하여 사람들에게 공포심을 심어주고 있다고 보는 편이 맞다. 금융기관이 보내는 메시지는 다음과 같다. "풍요로운 노후를 맞이하기 위해서는 더 많은 돈을 저축해야 하고, 요즘 같은 저금리 시대에는 저축만으로는 부족하기 때문에 투자해야 한다." 물론 다 맞는 말이다. 저축과 투자 모두 필요하다. 하지만 필요한 은퇴자금으로 일반 소시민들이 평생 벌어도 모으기 힘든 액수를 제시하며 사람들에게 공포심을 유발하는 것은 문제가 있다고 생각한다. 금융기관의 이러한 공포마케팅이 먹히는 이유는 우리 스스로가 은퇴를 기준으로 일하는 시기와 즐기는 시기로 나누고 있기 때문이다. 50대에 은퇴해서 이제까지 모은 돈으로 100세 시대를 준비해야 하니, 젊은 시기를 희생하면서까지 더 저축하고 더 투자에 매달리는 것이다.

　과연 인생을 일하는 시기와 즐기는 시기로 나누는 것이 타당할까? 앞에서 살펴본 바와 같이 은퇴는 젊은 사람들에게 일자리를 나눠주기 위해 고안해낸 인위적인 방법이다. 은퇴 개념의 도입에 따른 나이 든 사람들의 반발을 막기 위해 연금을 지급하며 젊어서 열심히 일했으니 이제는 쉬라고 했다. 그리고 이러한 인식은 지금까지도 이어지고 있다. 은퇴는 "열심히 일한 당신 떠나라"는 한 카드사 광고 카피처럼 그동안 열심히 일한 사람들에게 휴식과 안정을 주기 위해 도입한 것이 아니라, 사회적 필요에 의해 어쩔 수 없이 도입된 개념으로 절대 자연적인 것이 아니다. 은퇴가 자연스러운 현상이었다면 산업혁명 이전에는 왜 은퇴라는 말이 없었을까? 일하는 시기와 즐기는 시기를 분리한다는 것 자체가 잘못된 시각이다. 일하기 때문에 휴식이 더욱 달콤하다는 것을 절대 잊어서는 안 된다.

4. 나이가 들면 정말 은퇴해야 할까?

늙는다는 것은 결코 젊은이들보다 기회를 덜 가지는 것을 의미하지 않는다. 단지 다른 옷으로 갈아입었을 뿐이다. 저녁의 황혼 빛이 사라지면 하늘은 낮에 볼 수 없었던 별들로 가득 찬다.
– 헨리 워즈워스 롱펠로

기억할지 모르겠지만 "나이는 숫자에 불과하다"라는 카피로 한 통신회사에서 기업광고를 한 적이 있었다. 강의하는 젊은이와 강의를 듣는 노신사의 모습을 대비시켜 기존의 틀을 깨고 혁신적이고 창조적인 기업 이미지를 각인시켰던 광고였다. 광고는 상당히 성공적이었음에도 그 당시 대학생이었던 필자는 이런 광경은 광고에서 전달하는 메시지를 극대화하기 위해 억지로 만든 상황일 뿐 현실과는 너무나 동떨어진 이야기라고 생각했다. 하지만 십여 년의 시간이 흐른 지금, 그 광고만큼 우리 사회가 앞으로 나아가야 할 방향을 정확히 짚어낸 광고도 없다는 생각이 든다.

우리는 일정 연령이 되면 다니던 회사에서 퇴직을 해야 한다. 하지만 앞서 살펴보았듯이 현재 적용되고 있는 퇴직 연령이라는 것은 산업화를 거치면서 기업이 생산성을 높이기 위해 만들어낸 가상의 나이일 뿐이다. 은퇴 개념이 도입된 시기의 평균 수명이 46세였다는 점을 고려해본다면, 은퇴라는 것은 나이가 너무 많아 더 이상 일하기 힘든 사람을 내보내기 위한 장치였음을 알 수 있다. 어쩌면 그 당시에는 은퇴와 퇴직이 동의어였을 것이다. 퇴직할 나이가 됐다는 것은 기력이 쇠해서 더 이상 무언가를 할 수 없음을 의미했기 때문이다. 그러나 의학의 발달로 100세 시대를 앞둔 요즘, 은퇴와 퇴직을 구분해서 쓸 필요가 있다. 퇴직은 또 다른 시작을 의미할 뿐 은퇴를 의미해서는 절대 안된다.

은퇴와 퇴직을 동의어처럼 사용하는 이유는 은퇴와 퇴직이 같은 의미로 사용되었던 시절의 생각이 아직도 우리를 지배하고 있기 때문이다. 우리는 나이가 들면 하던 일에서 물러나는 것이 당연하고, 퇴직하면 더 이상 새로운 일을 시작하는 것이 어렵다고 생각한다. 퇴직과 동시에 자기 자신을 사회에서 더 이상 쓸모없는 존재로 치부한다. 그러면서 뭔가 시작할 기회조차 갖기를 거부한다. 그러나 무슨 일을 시작하기에 적당한 나이는 없을뿐더러 나이를 먹었다고 해서 하던 일을 그만둘 필요는 더더욱 없다. 중요한 것은 우리의 이런 낡은 사고를 바꾸는 것이다.

무언가 시작하기에 너무 늦은 나이에 새로운 것에 도전하는 사람들이 많이 있다. 세계적인 패스트푸드 기업 KFC를 창업한 커널 샌더스는 65세의 나이에 프랜차이즈 사업을 시작해서 KFC를 세계적인 기업으로 성장시켰다. 미국의 국민화가 그랜드마 모지스는 76세의 나이에 처음으로 붓을 들어 1,000점이 넘는 작품을 세상에 남겼다. 로널드 레이건이 미국 40대 대통령으로 취임했을 때의 나이는 70세였고, 그 후로 8년간 성공적으로 대통령직을 수행했다.

나이가 많다고 하던 일에서 물러날 필요는 없다. 적지 않는 나이에도 불구하고 자신의 일을 계속하는 사람들이 많다. 1927년생인 송해는 아직도 전국을 누비며 '전국노래자랑'의 MC를 맡고 있다. 1924년생인 지미 카터 전 미국 대통령은 대통령직에서 물러난 후 봉사활동과 국제 문제 중재로 재임시절보다 오히려 더 바쁜 생활을 하고 있다. 괴테는 80세에 파우스트를 발표했고, 세계적인 지휘자 레오폴드 스토코프스키는 94세에 계약기간이 무려 6년인 녹음계약서에 서명했다. 미국 연방준비제도이사회 전 의장인 앨런 그린스펀은 78세의 나이에 컨설팅 회사를 차렸을 뿐만 아니라 저술과 강연 활동을 시작했다. 경영학의 그루 피터 드러커는 96세의 나이로 세상을 떠날 때까지 왕성한 저술활동을 했다.

　나이를 먹어감에 따라 육체적으로 쇠약해지는 것을 막을 수는 없다. 물론 텔레비전에서 젊은이들 못지않은 괴력을 발휘하며 시간의 흐름을 역행하는 노인 분들이 종종 나오기도 한다. 하지만 이런 경우는 극히 예외일 뿐, 대다수의 사람은 시간이 지나면서 자연스럽게 육체적 기능이 쇠퇴할 수밖에 없다. 그렇다고 실망할 필요는 없다. 체력은 떨어질지 몰라도 경험은 늘어난다. 그렇게 축적된 경험이 쌓이고 쌓여 육체적인 부족함을 충분히 메울 수 있다. 칼라일은 경험을 가리켜 수업료가 지나치게 비싸기는 하지만 최고의 교사라고 했다. 경험이 쌓인다는 것은 점점 더 현명해진다는 것을 의미한다. 갓 대학을 졸업한 젊은이들은 패기와 열정이 충만하나 아직 미숙하다. 세상은 책에서 배운 대로 움직이지 않는다. 결정적인 순간에 제대로 판단하기 위해서는 지식은 물론 경험이 필요하다. 나이를 먹는다는 것은 인생이라는 학교에서 소중한 경험을 배우는 것이다.

　나이가 많다고 무언가를 시작하는 것을 두려워해서는 안 된다. 오히려 나이가 많기 때문에 성공할 가능성이 더 높아진다. 경험이 쌓인 만큼 하던 일을 더욱 더 잘 수행할 수도 있다. 우리의 가장 큰 적은 나이에 우리의 인생을 맞추려는 생각이다. 그 생각을 스스로 깨부숴야 한다. 퇴직이 곧 은퇴였던 시기는 지났다. 퇴직은 새로운 출발을 위해 거쳐야만 하는 단계일 뿐이다.

5. 인생 4막의 시대를 앞두고

일과 오락은 서로 다른 상황하에 있는 동일한 것이다.
- 마크 트웨인

20세기의 삶의 공식은 인생을 크게 3막으로 구분했다. 태어나서 교육을 마치고 취업하기까지(1막), 취업하고 다니던 직장을 그만둘 때까지(2막), 그리고 퇴직 후 죽을 때까지(3막). 이 공식에 의하면 은퇴란 일정 연령이 되면 다니던 직장에서 정년퇴직하는 것을 의미하는데, 은퇴 이후의 삶은 여생으로 말 그대로 덤으로 주어진 삶이었다. 1960년 당시 한국인의 평균 수명은 52세로 환갑 때까지 산다는 것은 큰 경사였다. 그래서 부모님의 환갑잔치를 성대하게 치르는 것이 자식 된 도리였다. 그 당시에는 은퇴 후 무엇을 시작한다는 것은 상상조차 하기 힘들었다. 단지 은퇴하고 나면 생이 다하는 날까지 조용히 살다가 죽는 것이 순리라고 믿었다. 그렇지만 100세 시대를 앞둔 요즘, 은퇴 후 20~30년 사는 것은 아무것도 아닌 시대가 되었다. 운이 좋다면 은퇴 후 50년 이상도 살 수 있는 시대이다. 아직도 20~30년의 긴 시간을 그저 조용히 살다가는 것이 맞다고 생각하는 사람이 있을까? 이제는 20

세기의 삶의 공식에서 벗어나 21세기의 삶의 공식을 받아들여야 할 때이다.

21세기는 인생 4막의 시대이다. 태어나서 교육을 마치고 제1의 직업을 가질 때까지(1막), 제1의 직업을 영위하다 그만둘 때까지(2막), 제1의 직업을 그만두고 제2의 직업을 영위하다 그만둘 때까지(3막), 마지막으로 현직에서 물러나 인생을 정리하며 죽음을 맞이할 때까지(4막)로 나뉠 수 있다.

● 인생 1막 : 사회에 나가기 위한 준비단계

다들 알겠지만 이 시기는 초등학교, 중학교, 고등학교를 거쳐 대학을 졸업하고 사회에 나오기 전까지의 기간을 의미한다. 우리는 교육을 통해 올바른 사회구성원이 되기 위해 필요한 기본적인 지식을 습득한다. 다만 한 가지 아쉬운 점이 있다면 사회에 첫발을 내딛는 순간까지 짧게는 12년, 길게는 20여 년이 넘는 긴 시간 동안 공부했음에도 불구하고 사회에서 필요한 가장 기본적인 교육은 받지 못했다는 점이다. 하나는 직업에 대한 것이고, 다른 하나는 돈을 다루는 방법이다. 아마 많은 사람들이 여기에 동의할 것이다. 이런 교육이 제대로 이뤄졌다면 다들 지금보다는 나은 삶을 살지 않았을까 생각한다.

● 인생 2막 : 경제적 안전판 구축 및 제2의 직업 탐색기

인생 2막은 제1의 직업을 영위하는 시기이다. 이 시기는 학교를 졸업하고 첫 직장을 갖는 순간부터 시작된다. 그렇지만 이 시기에 얻은 직업으로 평생을 살 수는 없다. 왜 그럴까? 학교를 졸업할 때까지 우리에게는 직업에 대해 진지하게 생각해볼 겨를도 없을뿐더러 막상 직업을 선택할 때 적성과 흥미보다는 직업의 안정성이나 수입을 우선시하기 때문이다.

한국의 많은 젊은이가 공무원이 되기 위해 노량진에 모여들고, 무조건 대기업에 들어가기 위해 대학 입학과 동시에 스펙 쌓기에 여념이 없는 모습을 생각해보자. 남들이 인정하는 좋은 직장을 얻기 위해 필사의 노력을 기울이지만, 정작 나에게 맞는 직업이 무엇인지에 대한 고민이 없다. 적성이나 흥미와 무관한 일을 하는 탓에 사람들은 빨리 부자가 되어 이 지긋지긋한 일에서 벗어나길 원한다. 많은 직장인이 그렇게 갈망하는 '경제적 자유인'이라는 것도 어찌 보면 지금 자신이 하고 있는 일로부터 도피하기 위한 수단에 불과하다.

그럼 제1의 직업을 영위하는 시기는 우리 인생에서 암흑과 같은 시기일 뿐일까? 그렇지 않다. 제1의 직업도 그 나름의 역할이 있다. 바로 경제적 안전판을 만들고, 제2의 직업을 찾는 탐색기 역할을 수행해야 한다. 다시 말해 제1의 직업은 제2의 직업을 갖기 위한 준비과정이다.

보통 직장생활을 3~4년 하다 보면 결혼을 하고, 또 그렇게 몇 년을 지내다 보면 아이가 생긴다. 부부 둘만 살 때와 비교해 아이가 생기면서 느끼는 중압감은 말로 다 표현을 못한다. 웃는 아이의 모습을 보며 이 아이의 운명이 내 어깨에 달려 있다고 생각하는 순간, 자신이 진정 원하는 일과는 점점 멀어질 수밖에 없다. 점점 더 현실과 타협하며 제1의 직업에 안주하게 된다. 상사의 얼굴에 쿨하게 사표를 던져보고 싶다는 생각을 수백 번도 더 하지만, 가장이라면 가족의 행복을 위해서 이 정도의 희생은 감수해야 한다고 스스로를 위로하며 꾹 참는다. 현재 가지고 있는 안정된 직장을 박차고 나가기에는 경제적인 위험이 너무 크기 때문이다.

그런데 매월 100만 원에서 150만 원 정도의 수입이 꾸준히 발생한다고 생각해보자. 아마 자신이 원하는 일에 도전하는 데 심리적 부담감은 많이 줄어들 것이다. 최악의 경우를 가정한다 하더라도 이 정도의 자금이 꾸준히 발생한다면 그래도 해볼 만하다고 마음을 다잡을 수 있다. 만약 제1의 직업을 영위하면서 평생 먹고살 수 있는 재산을 모아 보란 듯이 회사를 관두겠다는 생각을 가지고 있다면, 아마 제1의 직업에서 벗어나기 힘들지도 모른다. 그보다는 내가 원하는 일을 하기 위해 우리 가족에게 필요한 최소한의 자금을 염두에 두고 그 목표를 위해 준비하는 편이 현명하다.

경제적 안전판을 준비해가면서 이제는 자신이 진짜 원하는 일에 대해서 생각해볼 필요가 있다. 사회생활을 하다 보면 자연스럽게 다양한 직종에 종사하는 사람들을 만날 기회가 많이 생긴다. 학교에서 책으로만 보아왔던 세상을 몸소 체험함으로써 그동안 몰랐던 세계가 존재한다는 사실도 깨닫게 된다. 그 과정에서 제2의 직업을 찾기 위해 노력해야 한다. 물론 원하는 일을 찾는다는 것이 결코 쉽지만은 않다. 다소 시행착오를 겪게 되더라도 내가 원하는 일을 찾는 것을 절대 포기해서는 안 된다. 아침에 눈을 떴을 때 '회사에 가기 싫다. 때려치우고 싶다'는 생각이 든다면, 그 일이 나에게 맞는 일인지 한 번쯤 고민해볼 필요가 있다. 인생의 거든 모든 시간을 보내는 일터에서 행복하지 않다면 정말 불행할 것이다.

제1의 직업을 선택하기 전에 하고 싶은 일을 찾을 수도 있다. 음악, 요리, 혹은 여행처럼 자신이 흥미를 갖고 있는 분야가 따로 있거나, 학원 강사나 영업직처럼 특정 직무에 관심을 가질 수도 있다. 하지만 돈벌이가 안 되서, 부모님 체면 때문에, 아니면 미래가 너무 불확실해서 현실과 타협할 수밖에 없었을 것이다. 설사 그렇더라도 제1의 직업은 진정으로 자신이 원하는 일을 하기 위한 준비과정이라고 생각하고 그 꿈을 절대 포기해서는 안 된다.

인생 3막 : 은퇴에 대한 새로운 정의

인생 3막은 제1의 직업을 그만두고 드디어 제2의 직업을 갖으면서부터 시작된다. 참고로 제1의 직업과 제2의 직업을 구분 짓는 기준은 평생을 바쳐 하고 싶은 일이냐 아니냐의 차이다. 물론 일이라고 해서 반드시 돈을 버는 일일 필요는 없다. 제2의 직업은 취미나 봉사처럼 돈이 안 되는 일일 수도 있다. 대신 그 일은 재미가 있어야 한다. 다시 말해 스스로에게 즐거움을 줄 수 있는 일이어야 한다. 따라서 제2의 직업은 힘닿는 데까지 할 수 있는 일이다.

여기서 은퇴에 대한 새로운 개념을 다시 한 번 언급할까 한다. 20세기에 은퇴는 다니던 직장에서 떠나는 것을 의미했다. 하지만 21세기에 은퇴는 '만족도가 떨어지지만 가족 생계를 위해 어쩔 수 없이 해야 했던 일(생계수단으로서의 일)에서 벗어나, 보수는 적어도 만족도가 높은 일로 바꾸기 위해 기존에 하던 일을 그만두는 것'으로 정의해야 한다. 은퇴는 영어로 'retire'다. 이 단어를 분리해보면 're-tire'가 된다. 're'는 접두어로 '다시(again)'의 뜻이다. 즉, 은퇴(retire)란 '타이어(tire)를 다시 갈아 끼우다'라는 의미다. 새로운 길을 가려고 한다면 새로운 바퀴로 바꿀 필요가 있다. 그렇기에 은퇴는 50~60대에 국한된 문제가 아니라 20~30대의 젊은 사람들도 진지하게 고민해야 할 문제이다.

지금까지 사람들은 은퇴를 위해 준비해야 할 것으로 경제적인 문제만 생각해왔다. 20세기의 관점에서는 은퇴 후에는 어떠한 생산적인 활동에 종사하지 않을 거라 생각했기 때문이다. 은퇴문제는 곧 경제문제였다. 그러나 21세기에도 은퇴를 경제적인 문제에 국한시킨다면 우리는 절대 풀 수 없는 문제에 직면해 있는 것과 다름없다.

은퇴를 '내가 진정 하고 싶은 일에 대한 시작'이라는 개념으로 받아들인다면 상황은 달라진다. 은퇴를 하더라도 그 일을 통해서 지속적으로 수입을 창출할 수도 있기 때문이다. 사람들은 은퇴라는 말을 들으면 일로부터의 해방을 가장 먼저 떠올린다. 하지만 일은 사람들이 생각하는 것처럼 그리 나쁜 것은 아니다. 일은 첫째, 하루 종일 무엇을 할까 신경 쓸 필요 없이 하루 대부분을 메워줌으로써 규칙적인 삶을 살 수 있도록 도와준다. 둘째, 일이 있기에 다가오는 휴일이 훨씬 달콤해진다. 셋째, 일을 하면서 우리는 소속감을 느낄 수 있고, 다양한 계층의 사람들을 만남으로써 보다 활기차게 생활할 수 있다. 넷째, 일을 통해 성취감은 물론 자아실현을 할 수 있다. 마지막으로 일을 통해 우리는 건강한 삶을 살 수 있다. 단지 우리가 지금까지 원하지 않는 일에 매달려 살아온 탓에 일이라는 것이 고통스럽고 하루라도 빨리 벗어나야 할 대상이 되었을 뿐, 실제로 건강한 삶을 위해서 필요한 것이 바로 일이다.

미국의 심리학자 매슬로는 인간의 욕구를 크게 다섯 단계로 나누는데, 하위 욕구가 충족되어야 비로소 상위 욕구가 충족될 수 있다고 했다. 하위 욕구부터 살펴보자면 기본적인 의식주를 통해 충족할 수 있는 '생리적 욕구', 신체적 · 감정적 안전을 추구하는 '안전에 대한 욕구', 집단(직장, 결혼, 공동체 활동)에 소속되어 인정받고 싶은 '사람과 소속감에 대한 욕구', 내적성취감(자기만족) 혹은 외적성취감(타인에 대한 존경)을 통해 달성할 수 있는 '존경의 욕구', 그리고 마지막으로 지속적인 자기계발을 통해 얻을 수 있는 '자아실현의 욕구'가 있다.

큰돈을 벌어 은퇴한 사람들은 하위 욕구인 생리적 욕구나 안전에 대한 욕구는 충족될 것이다. 하지만 상위 욕구는 일을 통해서 달성할 수 있는 욕구이다. 경제적 자유라는 최종목적을 달성하여 은퇴한 사람이라면 목표 달성 이후에 수십 년의 시간을 하의 욕구 충족에 만족하며 살아갈 수 없다. 오히려 이런 사람일수록 새로운 도전에 나설 가능성이 더 높다. 매슬로는 "There are no perfect human being"이라는 말을 남겼다. 이 말 그대로 세상에는 완벽한 사람이란 없다. 사람은 스스로 완벽해지기 위해 끊임없이 노력하고 나아갈 뿐이다. 결국 일은 인간에게 상위 욕구를 만족시키기 위해 필요한 일종의 매개체 역할을 해준다. 그렇기 때문에 제2의 직업이 중요하다. 제2의 직업은 현실적인 문제(경제적인 문제)와 이상적인 문제(자아실현)를 모두 충족시켜줄 수 있다.

지난 2011년, 하나 HSBC생명이 SK마케팅앤컴퍼니의 소비자리서치 패널 틸리언과 '직장인 노후준비 실태'에 대해 공동 조사한 결과를 발표했다. '은퇴생활의 롤모델로 삼고 싶은 사람은 누군가'에 대해 조사한 결과, 40~50대의 경우 정년 없이 일하고 있는 배우 이순재를 1위로 뽑았다. 실제로 통계청의 '2011 고령자 통계'에 따르면 취업 희망 고령층이 일하기를 원하는 이유 중 2위가 바로 '일하는 즐거움 때문(35.5%)' 이었다고 한다. 사실 산업화시대 이전에는 정년이라는 것이 없었다. 다만 기력이 쇠약해지면서 노동의 강도를 줄이며 힘닿는 데까지 일을 했다. 그렇게 평생에 걸쳐 자신의 분야에 임하다 보니 자연스럽게 장인의 경지에 이르게 되었고, 젊은이들로부터 존경받을 수 있었다.

인생 4막 : 삶에 대한 정리

인생 4막은 기력이 다해 더 이상 일할 수 없을 때 우리에게 다가온다. 사람에 따라 차이는 있겠지만, 대부분 인생 4막은 그리 긴 시간이 아닐 것이다. 이 시기에 우리는 그동안 살아온 인생을 정리하며 죽음을 준비한다.

〈엔딩노트〉라는 영화가 있다. 주인공은 감독의 실제 아버지다. 영화에서는 건강검진 때 말기 암 판정을 받은 아버지가 자신만의 방법으로 죽음을 준비하는 과정을 다큐멘터리 형식으로 보여주고 있다. 주인공은 자신의 장례식 준비를 스스로 한다. 어떤 형식으로 장례를 치를지 꼼꼼하게 점검하고, 장례식에 참석할 사람들의 명단도 손수 작성한다. 그동안 믿지 않았던 신을 믿어보기로 하고 세례까지 받는다. 가족과의 마지막 추억을 만들기 위해 노력하는 등 자신이 죽고 난 후 가족이 겪게 될 슬픔을 최소화하기 위해 철저히 준비한다.

요즘은 잘 먹고 잘 사는 웰빙(Well-being)만큼이나 살아온 삶에 대한 아름다운 정리인 웰다잉(Well-dying)의 관심이 높아지고 있다. 웰다잉은 죽음 앞에서 편안히 눈을 감기 위한 일종의 준비인 셈이다. 삶의 또다른 이름인 죽음을 어떻게 준비하느냐에 따라 죽음을 맞이하는 자세도 달라질 것이다.

6. 노후자금, 생각만큼 많은 돈이 필요하지 않다

일을 하면 권태, 비행, 빈곤 세 가지 악이 사라진다.
- 볼테르

노후에 필요한 자금은 얼마면 될까? 어떤 사람은 10억 원이 필요하다고 하고, 어떤 사람은 20억 원은 있어야 된다고 한다. 물론 5억 원만 있어도 충분하다고 생각하는 사람도 있다. 사람에 따라 차이는 있겠지만, 한 가지 확실한 것은 우리가 생각하는 노후에 필요한 자금과 현실은 다소 괴리가 있다. 이렇게 괴리가 발생하는 이유는 크게 두 가지 때문이다.

첫째, 우리가 상상하는 노후 생활은 금융회사에서 만들어진 다소 과장된 이미지이다. 노후 생활하면 이런 모습이 떠오를 것이다. 일 년에 한두 번은 가족과 함께 해외여행을 다니고, 친구들과 함께 골프도 치고, 가끔 맛집을 찾아다니며 식도락 여행을 즐기는 모습. 문제는 이런 이미지들이 너무 고급스럽다는 데 있다.

우리가 이런 이미지를 갖게 된 배경에는 금융회사, 특히 보험회사 광고의 영향이 크다. 은퇴가 화두로 등장하면서 장기상품이 주축을 이루는 보험회사로서는 절호의 기회를 얻게 되었다. 예전에는 가입기간이 너무 길어 보험상품에 가입하길 꺼려했던 고객들이 은퇴를 염두에 두면서 자연스럽게 보험상품에 가입하게 된 것이다. 보험회사들은 필사적으로 노후의 화려한 모습을 부각시키며 노후의 안락한 삶을 위해서는 한시라도 빨리 준비해야 한다고 우리에게 은연중에 암시를 걸었다. 그 결과 광고라는 매체를 통해 전달된 은퇴 이미지들이 아무런 저항 없이 우리에게 각인되었고, 우리들이 가지고 있는 노후 생활의 이미지들은 거의 비슷하게 되었다. 하지만 환상이 크면 당연히 필요로 하는 금액도 커지기 마련이다.

둘째, 노후설계는 곧 소비설계라는 인식이다. 다니던 회사에서 퇴직하는 순간 더 이상 어떠한 생산적인 활동도 하지 않는다는 가정은 잘못된 것이다. 퇴직 후 살날이 얼마 되지 않을 때야 노후설계가 곧 소비설계라는 가정이 맞았다. 그러나 모아놓은 돈으로 남은 인생을 살아가기에는 살날이 너무 길어졌다. 환경이 변했다면 이에 따른 새로운 가정이 필요하다. 어떠한 생산적인 활동을 할 수 없는 최악의 상황을 대비하여 준비하는 것은 괜찮다. 문제는 퇴직 후 30~40년의 시간 동안 벌지 않고 쓰기만 한다는 데 있다. 아무리 노력해도 이렇게 쓰기만 하는 노후를 대비한 충분한 돈을 모으기란 사실상 불가능하다.

30세에 취직해서 60세에 퇴직할 때까지 30년의 기간 동안 얼마나 모으는 것이 가능할까? 노후를 위해 매월 100만 원씩 모으는 것이 가능한 사람들이 과연 얼마나 될까? 복리효과? 너무 믿어서는 안 된다. 금리가 높을 때나 복리효과를 운운하지 금리가 낮다면 그 효과는 정말 미미하다. 투자수익률을 높인다? 정말 쉽지 않다. 투자수익률이 높아질수록 잃을 확률도 점점 높아진다. 나이가 들면서는 돈을 버는 것보다 잃지 않는 것이 더 중요하다. 일부 금융회사에서는 수익률 10%를 가정하면서 은퇴설계를 해준다. 그런 경우 주식에 투자하는 상품을 권유하는데, 주식에 장기투자를 한다고 해서 복리효과를 볼 수 있는 것은 절대 아니다. 복리효과는 금리에 투자할 때 누릴 수 있는 효과이다. 주식처럼 손실위험이 따르는 상품에 투자해서는 투자수익을 얻을 수 있는 것이지, 복리효과를 얻을 수 있는 것이 아니다. 게다가 10%의 수익률을 매년 꾸준히 올린다는 가정은 너무나 현실과 동떨어진 목표가 아닌가 생각된다. 이런 재무설계는 그냥 희망사항일 뿐이다.

그럼 목표로 한 자금 준비는 물 건너 간 것 같은데, 노후 준비는 애초에 불가능한 것일까? 사실 노후 준비는 자신의 능력이 허락하는 범위 내에서 최대한으로 하면 된다. 그렇게 큰 자금을 모을 필요는 없다. 노후 생활에 생각만큼 큰돈이 필요 없는 이유를 한번 알아보자.

삶의 리모델링

원하는 만큼 돈을 벌 수 없다면 매월 필요한 금액을 줄이면 된다. 이를 위해 제일 먼저 자신의 삶을 리모델링하는 것이 좋다. 삶을 리모델링하는 데 있어 가장 중요한 것은 다운사이징(downsizing)이다. 다운사이징을 통해 고정적으로 들어가는 비용을 줄일 수 있다. 고정비용이 줄어들면 상대적으로 쓸 수 있는 가용자금이 늘어나고, 생활에도 여유가 생긴다. 살고 있는 집의 크기를 줄인다거나, 생활비가 싼 도시 외곽으로 이사를 가는 것도 고려해볼 만하다. 회사를 다닐 때는 집과 회사의 거리가 가깝다는 것이 큰 장점이 될 수 있기 때문에 비싼 비용을 치르더라도 회사 근처에 살 필요가 있었다. 하지만 퇴직하면 굳이 도심에 살 필요가 없다. 게다가 집이 크고 비싸다는 것은 세금은 물론이요, 관리비를 포함한 기타 부수비용이 많이 들어가므로 고정비용을 늘리는 주범일 뿐이다.

자동차의 크기도 줄이고, 가급적이면 대중교통을 이용하는 것이 좋다. 젊어서는 시간이 곧 돈이었다면, 나이가 들어서는 시간에 쫓기는 생활을 더 이상 할 필요가 없다. 천천히 그리고 느리게 자신의 하루하루를 음미해보는 여유가 생길 것이다. 처음에는 다소 불편할지 모르나, 익숙해지면 운동도 되고 자동차를 운전할 때는 미처 보지 못했던 세상이 보일 수도 있다.

체면유지를 위한 비용 또한 줄여야 한다. 경조사비용도 자기 수준에 맞게 내고, 아랫사람을 만나더라도 당당하게 더치페이를 외칠 수도 있어야 한다. 사람을 만난다는 것은 필연적으로 돈을 필요로 한다. 그런데 사람을 만날수록 비용이 부담이 된다면 오히려 인간관계의 폭이 줄어드는 역효과가 발생할 수 있다.

마지막으로 자신의 생활패턴에도 변화를 주어야 한다. 예를 들어 젊어서는 시간이 없어 일주일에 한 번 대형 마트에서 많은 양의 장을 봤다면, 이제는 필요한 만큼만 집 근처 슈퍼에서 조금씩 살 필요가 있다. 한 번에 사려고 하면 부족할 것을 대비해 필요한 양보다 더 많이 사기 때문이다. 이처럼 사소하지만 낭비를 조장하는 행동 패턴을 잘 살펴보고 낭비 요인을 없애도록 노력해야 한다. 일할 때 시간이 부족해서 돈으로 해결했던 일들을 이제는 하나둘 바꿔나가야 한다.

의료실비보험

나이에 비례하여 늘어나는 경향을 보이는 지출이 있다. 다들 짐작하겠지만 바로 의료비이다. 나이 들어 아픈 곳이 하나둘 늘어나는 것은 당연한 일이다. 요즘 시대를 가리켜 유병장수의 시대라고 하는데, 과거 치명적이었던 질병들이 이제는 만성질환이 되어 관리만 잘한다면 오래 사는 데 전혀 지장이 없기 때문이다. 만성질환은 다만 우리의 삶을 불편하게 할 뿐이다.

그럼 노후에 증가하는 의료비는 어떻게 감당해야 할까? 젊어서 가입한 의료실비보험을 통해 충분히 해결할 수 있다. 100세 시대에 발맞춰 요즘에는 100세까지 보장하는 건강보험이 많이 나오고 있다. 이런 상품들을 잘 활용한다면 노후에 큰 도움이 될 것이다. 물론 끊임없이 새로운 내용의 상품들이 출시되고, 보장 내용도 점점 업그레이드되기 때문에 주기적으로 자신이 가입한 보험의 내용을 살펴봐야 한다. 부족한 점이 있다면 기존 보험에 특약의 형태로 보장 내용을 추가하거나 새로 가입해야 한다. 자신의 건강을 너무 과신한 나머지 보험가입에 소홀하지 말고, 젊고 건강할수록 보다 저렴한 비용으로 보험 가입이 가능하다는 점을 꼭 명심하기 바란다.

국민연금

현재 우리나라 국민 상당수가 국민연금에 대해 우려하고 있는 것이 사실이다. 언론을 통해 2060년쯤에 기금이 모두 고갈될 것이라는 이야기를 한 번쯤은 들어봤을 텐데, 이는 시기의 문제이지 결국 예상된 결과로 크게 걱정할 필요 없다. 일반 보험회사와는 달리 국민연금은 자신이 낸 돈보다 더 많이 받도록 설계되어 기금의 고갈은 피할 수 없는 운명과도 같다. 한국처럼 기금을 적립하는 방식으로 공적연금을 운용하는 국가는 미국, 일본, 캐나다, 그리고 스웨덴 이렇게 5개 국가에 불과하다. 다른 국가에서는 그 해 보험료를 걷어 연금으로 모두 지급하는 부과방식을 사용하고 있다. 만약 국민연금의 기금이 모두 고갈된다면 한국도 적립방식에서 부과방식으로 바뀔 것이다. 적립방식에서 부과방식으로 바뀌면서 후대의 부담은 커지겠으나, 국가에서 지급하는 연금은 결코 사라지지 않는다. 국민연금은 구체적으로 명시되어 있지는 않지만 국가가 최종적으로 지급을 보장하고 있기 때문이다.

국민들이 노후 준비의 필요성을 알면서도 이에 대한 준비를 제대로 못하는 상황을 고려해봤을 때, 강제성을 띠고 있는 국민연금에 지금 당장에야 불만이 많을 수 있다. 하지만 그러한 강제성이 있기 때문에 국민연금은 노후 생활에 든든한 버팀목이 될 수 있는 것이다. 왜냐하면 국민연금의 목적은 국민의 노후 생활을 보장하기 위한 제도로, 비록 기금의 고갈 시기를 늦추기 위해 연금수급액을 지속적으로 줄여나간다 하더라도 결국 자신이 낸 돈보다 훨씬 많은 연금을 받게 될 것이기 때문이다.

주택연금

주택연금이란 살고 있는 주택을 담보로 평생 또는 일정 기간 매월 연금을 받을 수 있는 상품으로, 주택을 소유하고 있지만 소득이 부족한 노인들에게 적합한 상품이다. 주택을 담보로 연금을 받지만, 해당 주택에서 죽을 때까지 살 수 있는 점이 가장 큰 장점이다.

주택연금은 담보대출의 일종이다. 매월 받는 연금액만큼 대출이 계속해서 발생하는 대신 대출상환과 이자 납입은 부부가 모두 사망하면 담보로 제공한 주택을 처분하여 정산하게 된다. 주택을 매각한 비용이 연금으로 지급한 대출금과 이에 따른 이자총액보다 더 크다면 상속인들에게 차액만큼 돌려준다. 반대의 경우 상속인들에게 초과분을 따로 청구하지 않고 한국주택금융공사가 대신 낸다. 상속인들 입장에서는 나쁠 것이 없다.

게다가 최초에 평가한 주택가격을 기준으로 연금액이 산출되므로 중간에 주택가격이 하락하더라도 연금액에는 변화가 없다. 만약 70세(부부 중 연소자 기준)에 3억짜리 집을 소유하고 있다면 매월 98만6천 원을 평생 수령할 수 있다(종신지급방식, 정액형, 2015년 2월 1일 기준). 물론 가입연령과 주택가격에 따라 연금액이 달라질 뿐만 아니라 다양한 수령방법이 존재하기 때문에 본인의 상황에 맞는 연금수령 방식을 선택하면 된다. 특히 나중에 목돈이 필요한 경우를 대비해 수시인출한도를 설정할 수 있어 선택의 폭이 정말 다양하다. 주택연금 역시 국가가 지급을 보증하기 때문에 연금이 중단될 위험은 없다.

처음 주택연금이 출시됐을 때만 하더라도 주택에 대한 상속의지가 강해 가입자가 그리 많지 않았다. 그러나 금융위기를 거치면서 자식에게 노후를 의지하기보다 스스로 자립하기를 원하는 욕구가 늘어나면서 주택연금의 가입도 급증하고 있다. 다만 주택연금 수령액은 장기주택가격상승률과 연금산정 이자율, 통계청 생명표 등을 반영하여 결정하는데, 늘어나는 기대여명과 저금리 기조가 고착화되면서 연금액은 계속해서 감소하는 추세이다. 따라서 관심 있는 분들은 조금이라도 빨리 신청하는 편이 나을 것으로 예상된다.

평생현역

마지막으로 노후 생활에서 가장 큰 자산인 평생현역이 남아 있다. 만약 매월 50만 원을 벌 수 있는 일을 한다고 생각해보자. 현재 이율을 2%로 가정했을 때, 3억 원의 자산을 가진 것과 같은 효과를 낼 수 있다.

요즘 젊은 사람들도 일자리가 없어서 난리인데, 나이 든 사람이 할 수 있는 일이 과연 있을까 의구심을 가질 수도 있다. 지금 당장은 힘들겠지만, 앞에서도 언급했듯이 국가정책이 노인 일자리를 늘리는 방향으로 갈 수밖에 없는 시대적 환경도 무시할 수 없다. 현재 퇴직을 앞둔 대다수의 사람들이 주택마련과 자녀교육 등으로 제대로 된 노후준비가 안됐다는 점은 국가로서도 큰 짐이 아닐 수 없다. 결국 노후준비도 하지 못한 채 퇴직한 사람들을 구제해줄 수 있는 방법은 이들에게 일자리를 제공하는 것이다. 다행히 퇴직을 앞둔 사람들 중에는 본인 스스로 일선에서 물러나기보다는 퇴직 후에도 적극적으로 일하기를 원하는 사람이 많다.

지금은 양질의 노인 일자리가 많이 부족하지만, 앞으로는 상황이 변할 수밖에 없다. 그때를 준비해야 한다. 한번 배운 지식이나 기술로 평생 먹고살겠다는 생각을 버리고 새로운 것을 꾸준히 학습하는 자세가 필요하다. 그리고 나이 들어서도 일할 수 있는 체력을 만들어야 한다. 평생학습과 건강관리, 두 가지가 평생현역으로 남을 수 있는 방법이다.

다운사이징을 통한 삶의 리모델링, 의료실비보험, 국민연금, 주택연금 그리고 평생현역. 이 다섯 가지를 잘 활용한다면 생각만큼 큰돈을 준비하지 못했더라도 제대로 된 노후 생활을 즐길 수 있을 것이다.

7. 노후를 대비한 인간관계를 다지자

> 무엇을 먹고 마실까를 생각하기에 앞서 누구와 함께 식사할 것인지를
> 신중하게 결정하라.
> 친구 없이 식사하는 것은 사자나 늑대처럼 사는 것이나 다를 바 없다.
> – 에피쿠로스

은행에서 부행장님을 모시고 간담회를 열었던 적이 있었다. 직원들과의 소통을 위한 자리로 주제에 상관없이 다양한 질문들이 나왔는데, 그중 하나가 부행장님은 가족에게 몇 점짜리 아버지이냐는 것이었다. 부행장님은 그동안 가족에 소홀했다는 점을 인정하면서, 퇴직 후 가족을 위해 그동안 못해왔던 아버지의 역할, 남편의 역할을 제대로 해보고 싶다고 이야기하셨다. 그 이야기를 들으면서 이제 와 본인의 역할을 해보겠다고 달려드는 아버지, 남편을 가족은 잘 받아들일 수 있을까 하는 의문이 들었다.

퇴직을 앞둔 아버지들의 착각 1

인간관계를 유지하는 핵심은 '얼마나 많은 시간을 함께했는가'이다. 특별한 날에 특별한 이벤트로는 절대 관계를 돈독하게 만들 수 없다.

248

평범하지만 소소한 일상의 대화를 통해 더욱 많은 것을 공유하면서 관계는 더욱 강화된다.

직장에 다니는 아버지들이 하는 착각 중에 하나가 바로 본인이 노력한다면 직장에서도 가정에서도 만점짜리 아빠가 될 수 있다는 생각이다. 주어진 시간을 쪼개서 최대한 잘 활용하면 두 마리 토끼를 다 잡을 수 있다는 믿음은 자기중심적인 생각에 불과하다. 일은 주어진 시간을 얼마나 활용하여 효율적으로 처리하느냐가 중요하다. 하지만 인간관계는 절대 효율성이 통할 수 없다. 특히 부모 자식 관계에서는 더욱 그렇다. 자식만큼 부모 마음대로 되지 않는 것도 없다. 부모와 자식의 관계를 효율성의 측면에서 바라본다면 부모는 자신의 뜻대로 움직이지 않는 자식들에게 실망할 수밖에 없고, 그 관계는 틀어지기 십상이다. 일반적인 관계와는 다르게 낭비라고 생각할지도 모르는 그러한 시간이 쌓여야만 비로소 돈독해질 수 있다.

윤태호 작가의 《미생》이라는 만화를 보면 회사를 떠나게 된 오차장의 마지막 가족여행에 대한 이야기가 나온다. 회사 일 때문에 바쁜 와중에도 아이들과 시간이 날 때마다 과장이다 싶을 정도로 호들갑스럽게 친근함을 나눈 그였지만, 정작 휴가지에서 아이들과의 대화 시간이 길어질수록 대화의 핀트가 자꾸 엇나갔다. 결국 오 차장은 가족과 함께 있을 때 더욱 고독함을 느낄 수밖에 없었다고 한다. 가족을 위해 아이들이 채 일어나기도 전에 출근했고, 아이들이 모두 잠든 후에 퇴근할 정도로 회사 일에 매진한 결과, 가족으로부터 동떨어진 자신의 모습을 발견하게 된 것이다. 함께하지 못했던 수많은 시간 동안 아이들은 그가 생각했던 것과는 전혀 다른 모습으로 성장해 있었다.

퇴직을 앞둔 아버지들의 착각 2

직장을 다니는 아버지들의 두 번째 착각은 퇴직 후 그동안 함께하지 못한 배우자와 시간을 보내겠다는 생각이다. 그런데 현실은 생각과 전혀 다른 방향으로 전개되고 있다. 남편은 자신이 가정으로 돌아가면 배우자로부터 언제든 환영받을 수 있다고 믿지만, 본인이 없는 빈자리에 익숙한 배우자에게 가정으로 돌아온 남편은 오히려 짐이 될 수 있다.

미래에셋 은퇴연구소가 2013년 3월에 발간한 '은퇴리포트'에 따르면 남성과 여성이 생각하는 퇴직 후 삶의 모습에는 상당한 차이가 있다. 그중에서도 눈에 띄는 부분은 퇴직 후 부부가 함께할 시간이었다. 남성의 56%는 하루 중 대부분의 시간을 배우자와 함께 보내고 싶어 한 반면, 여성은 28%에 불과했다. 여성의 47%는 하루에 4~5시간만 배우자와 함께하고 싶다고 응답하여 남성과 여성의 차이를 확연히 느낄 수 있었다. 이는 남성의 인간관계가 주로 직장을 중심으로 한 사회적인 네트워크인 데 반해, 여성은 본인의 거주지를 중심으로 한 지역적인 네트워크이기 때문에 발생하는 문제이다. 남성은 회사를 퇴직하면서 대부분의 인간관계가 단절되는 반면, 여성은 평생 자신이 구축한 인간관계를 유지할 수 있다. 남성은 그동안 가정에 소홀했던 자신을 기다려준 아내에게 보상의 의미로 퇴직 후 아내를 위해 봉사하면서 살겠다고 말하지만, 실상은 퇴직과 동시에 인적 네트워크가 사라진 남편이 아내에게 의지할 수밖에 없는 구조인 것이다. 그동안 남편 없이도 잘 살아온 아내에게 퇴직 후 자신만 봐달라고 졸라대는 남편은 새로운 스트레스거리가 아닐 수 없다.

가족이라는 든든한 버팀목을 갖지 않고서는 그 어떤 관계도 사상누 각에 불과하다. 지금부터라도 될 수 있는 대로 가족과 함께 시간을 보낼 수 있도록 노력해야 한다. 특히 자녀와 많은 대화를 나누도록 노력하자. 배우자와 함께할 수 있는 취미를 만든다면 금상첨화일 것이다. 처음에는 다가가려고 하는 본인을 가족들이 부담스러워할 수도 있다. 그러나 인내를 가지고 끊임없이 다가가도록 노력해야 한다. 한번 멀어진 관계를 복원시키기 위해서는 더 많은 노력이 필요한 법이다.

지속 가능한 인간관계를 구축하자

가족과의 관계가 돈독해졌다면 이제는 직장을 매개체로 한 인간관계를 대신할 새로운 관계를 구축할 필요가 있다. 가족과의 관계 회복이나 새로운 관계를 확립하는 것은 우선순위를 두고 접근할 수도, 병행할 수도 있다. 본인의 상황에 맞게 선택하면 된다. 새로운 관계를 구축하기 위해서는 새로운 것을 배우거나, 동호회 활동과 같이 취미생활을 통해 찾을 수도 있다. 아니면 봉사활동에 전념하거나, 옛 친구들과 더 많은 시간을 함께할 수도 있다. 형태가 어떻든 간에 사람들을 지속적으로 만날 수 있는 연결고리를 찾는 것이 중요하다. 그러한 관계를 통해 정서적 공유는 물론 사회 구성원으로서의 강한 연대의식을 느낄 수 있다.

성공적인 은퇴를 결정짓는 핵심요인은 부와 명성이 아닌 사회적 유대관계에 있다. 한 연구 결과에 따르면 사회적 유대관계가 적은 노인

일수록 건강에 문제가 있을 확률이 높다고 한다. 사회적 유대관계의 출발은 누가 뭐라고 해도 가족일 수밖에 없다. 지금까지 우리는 퇴직 이후의 삶을 경제적인 관점에서만 생각했던 것이 사실이다. 하지만 더욱 중요한 것은 사람과 사람 사이의 관계를 어떻게 형성해가는지가 아닐까 싶다.

8. 무병장수? 유병장수!!

알찬 하루를 보낸 후에는 행복하게 잘 수 있다.
마찬가지로 알찬 삶을 보내야 행복한 죽음을 맞이할 수 있다.
- 레오나르도 다 빈치

　수많은 전문가는 건강이야말로 은퇴 이후 삶의 질을 좌우하는 가장 중요한 요소라고 한다. 노후에 일정 수준 이상의 건강을 유지해야 남은 인생을 제대로 즐길 수 있기 때문이다. 건강해야 취미활동도 하고 여행도 다니면서 이전에는 할 수 없었던 다양한 활동을 즐길 수 있다. 물론 일도 마찬가지이다. 여러분은 '병치레 하는 갑부'와 '건강한 일용직' 중 어느 쪽을 선택하겠는가? 2015년 NH투자증권이 조사한 설문에 따르면 86.9%가 '건강한 일용직'을 선택했다고 한다. 대부분의 사람들은 노후 삶의 질을 좌우하는 두 가지 요소인 돈과 건강 중 건강에 좀 더 중점을 둔다는 점을 알 수 있다.

노후의 건강문제는 본인만의 문제가 아니다

　노후의 건강은 본인 삶의 질에만 국한된 문제일 수 없다. 본인은 물론 남아 있는 다른 가족, 더 나아가서는 사회 전체와도 연결된 문제이기 때문이다. 2013년 9월 가족의 동의하에 뇌종양 말기 환자인 아버지를 목 졸라 살해한 아들이 죄책감에 자살을 기도했다 경찰에 붙잡히는 사건이 발생했다. 극심한 고통 속에서 자신을 죽여 달라고 이야기한 아버지와 아버지의 부탁을 거절할 수 없었던 남은 가족들. 아버지를 살해한 아들은 우리 이웃에서 흔히 볼 수 있었던 평범한 자식이었다. "긴병에 효자 없다"고 했다. 병든 아버지 부양에 따른 심리적, 경제적 부담감이 평범한 자식을 살인자로 둔갑시켜버린 것이다.

의학의 발달로 급성질환에 의한 사망은 줄어드는 대신 만성질환으로 오랫동안 고생하다 죽는 경우가 많아졌다. 솔직히 이제는 고생한다는 표현도 어울리지 않는 것 같다. 그저 나이가 들면서 불편한 것이 하나둘 늘어난다는 표현이 더 적당하다고 생각될 정도이다. 고혈압이나 당뇨는 너무나 흔한 질병이 되어버린 지 오래고, 대부분의 병은 조기에 발견하여 치료만 잘한다면 장수하는 데 아무런 지장이 없다. 옛 선조들이 무병장수를 기원했다면, 현대인들은 유병장수를 기대하게 되었다.

조선일보에서 '한국인의 마지막 10년'이라는 주제로 기획기사를 낸 적이 있다. 그 기사에 따르면 10년 전만 하더라도 한국인들은 보통 3~4년씩 앓다 세상을 떠났다고 한다. 이제는 병으로 고생하는 기간이 점점 늘어나 5~6년 정도 앓다가 죽음을 맞이한다. 의학의 발달로 늘어난 수명만큼 더 고통받으며, 생명을 연장하는 사람들도 덩달아 늘어난 것이다. 물론 그에 따른 경제적 비용 또한 급증했다. 고령화로 인해 죽기 직전에 지출하는 의료비용이 전 생애를 거쳐 지급한 의료비의

20~30%를 차지한다고 하니, 이 시기의 경제적 부담은 이루 말할 수 없다.

유병장수 시대를 대비한 우리의 자세

상황이 이렇다 보니 건강관리는 가족 전체, 나아가 사회문제가 되고 있다. 과거에는 나이 들어 병에 걸리면 앓다가 금방 죽는 것이 일반적이었다. 그 당시에 건강관리의 책임은 전적으로 자신에게만 국한되었던 것이 사실이다. 하지만 병에 걸려도 죽는 것이 쉽지 않게 되면서, 병에 걸려 앓는 기간이 길어지게 되었고 그에 따른 부담은 고스란히 남은 가족들에게 돌아가게 되었다. 예전에는 "까짓것 죽기밖에 더 하겠어"라고 호기롭게 이야기할 수 있었지만, 더는 이런 말이 통하지 않는 시대가 된 것이다.

유병장수 시대, 우리는 어떻게 대비해야 할까? 첫째, 대부분의 만성질환은 미연에 방지가 가능한 병들로, 젊어서부터 건강관리에 힘써야 한다. 건강한 음식을 섭취하고, 규칙적인 생활과 꾸준한 운동 그리고 정기적인 검사를 통해 사전에 예방해야 한다. 2010년 한국인의 사망원인 TOP 10중 6개가 암과 심뇌혈관 질환, 고혈압, 고지혈증과 같은 만성질환이라고 하니, 만성질환의 예방 및 관리가 점점 더 중요해지고 있다. 네덜란드 속담에 "병은 말을 타고 들어와 거북이를 타고 나간다"는 말이 있다. 죽음은 어느 순간 짠 하고 나타나, 짠 하고 사라지지 않는다. 모르는 새 다가와 서서히 우리를 죽음에 이르게 한다. 죽음과 함께하는 시간을 최소화하기 위해서는 건강관리가 필수이다.

둘째, 든든한 의료실비보험은 젊었을 때 준비해서 나이를 먹어감에 따라 지속적으로 업그레이드해야 한다. 자신의 건강을 너무 과신한 나머지 변변한 보험 하나 준비해두지 않다가 나이 들어 보험에 가입하려고 하면, 비용도 비용이지만 보장이 안 되는 부분이 많아 보상을 제대로 받지 못할 수 있다. 보험은 건강할 때 미리 들어두는 것이 장기적으로 봤을 때 비용적인 면이나 보장 면에서도 이익이다.

마지막으로 노화를 있는 그대로 받아들여야 한다. 우리 사회는 젊음이라는 이미지를 지나치게 강조한 나머지 노화를 부정적이고 극복해야 할 대상으로 만들고 있다. 마치 노력만 하면 누구나 영원한 젊음을 가질 수 있다고 이야기한다. 하지만 나이를 먹으면서 신체적 능력이 떨어지는 것은 당연한 일이다.

세월 앞에 장사 없다. 젊음이라는 이미지에 현혹되어 무리하게 운동하거나, 각종 비타민과 몸에 좋다는 영양보조제에 집착하지 말자. 그저 시간이 지남에 따라 자신의 신체적 능력을 받아들이고, 이에 맞는 적절한 관리를 해주면 된다. 자신의 건강을 과신하여 건강관리에 소홀히 하는 것도 문제지만, 너무 건강에 집착한 나머지 무리하는 것도 건강에 좋지 않다.

연말정산의 Must Have Item, 연금저축/IRP(개인형 퇴직연금)

매년 12월이 다가오면 매스컴을 통해 연말정산을 위한 각종 팁들이 소개된다. 그 중에서 단골로 나오는 것이 세액공제가 되는 연금저축상품이다. 여기에 2015년부터 추가된 것이 하나 더 있다. 바로 IRP(Individual Retirement Pension, 개인형 퇴직연금)이다. 연금저축은 소득이 있는 국내 거주자라면 연령에 관계없이 누구나 가입할 수 있는 상품으로, 400만 원을 한도로 납입한 금액 전부 세액공제가 가능하다. IRP는 퇴직연금에 가입된 근로소득자라면 누구나 가입이 가능한 상품으로, 연금저축 400만 원에 추가로 300만 원의 세액공제를 받을 수 있다. 만약 연금저축이 없다면 IRP만으로도 700만 원까지 세액공제가 가능하다.

연금저축과 IRP에 세금혜택을 주면서까지 국가가 가입을 장려하는 이유는 간단하다. 개인 스스로 노후준비를 하도록 만들기 위해서이다. 현재 우리나라의 연금제도는 형식적으로는 국민연금(국가가 기본적인 생활보장), 퇴직연금(회사가 표준적인 생활보장), 그리고 개인연금(개인이 여유 있는 생활 보장) 이렇게 3층 보장제도의 틀을 잘 갖추고 있다. 하지만 내용면에서는 아직 많이 부족하다. 어느 누구도 국민연금과 퇴직연금만으로 풍족하진 않아도 기본적인 노후 생활을 보장받을 수 있다고 믿지 않는다. 이런 상황에서 그나마 세금혜택을 주면서까지 국가가 국민들로 하여금 스스로 노후준비를 하도록 독려한다는 사실은 긍정적이다.

1. 세액공제 효과 얼마나 되나?

세액공제를 받을 수 있는 금액은 소득 수준에 따라 조금씩 다르다. 근로소득자는 총급여 5,500만 원을 기준으로, 자영업자는 종합소득금액 4천만 원을 기준으로 공제받는 세율이 다르다. 총급여가 5,500만 원(종합소득 금액 4천만 원) 이하이면 16.5%(지방소득세 포함)를 환급받을 수 있지만, 총급여가 5,500만 원(종합소득금액 4천만 원)을 초과하면 13.2%(지방소득세 포함)를 환급받을 수 있다. 예를 들어 총급여가 5,500만 원 이하의 근로자가 연금저축에 400만 원을 입금하였고, IRP에 추가로 300만 원을 입금했다면 700만 원의 16.5%인 115만 5천 원을 돌려받을 수 있게 된다.

납입액	연금저축 400만 원	IRP 300만 원	연금저축 + IRP 700만 원
총급여액 5,500만 원 이하 종합소득 4,000만 원 이하 16.5%(지방소득세 포함)	660,000원	495,000원	1,155,000원
총급여액 5,500만 원 초과 종합소득 4,000만 원 초과 13.2%(지방소득세 포함)	528,000원	396,000원	924,000원

2. 어떻게 활용해야 할까?

연금저축이나 IRP는 기본적으로 노후에 연금으로 수령해야 하는 상품들로, 장기간 자금이 묶일 수 있으므로 세금혜택을 받을 수 있는 범위 내에서 운용하는 것이 좋다. 젊어서부터 노후 생활을 위해 매년 세액공제 최고 한도인 700만 원씩 납입하면 좋겠지만, 본인이 처한 상황에 따라 납입금액을 조절하는 것도 괜찮다.

세금 환급 금액을 수익률의 관점에서 접근하자. 만약 연금저축이나 IRP에 납입하지 않았더라면 받을 수 없는 돈이기 때문에 환급받은 세금은 수익금으로 보고, 다른 용도로 사용하기보다는 해당 상품에 추가로 납입하여 함께 운용하자. 그렇게 매년 본인 납입금액에 세금 환급 금액까지 가산하여 운영한다면 노후에 상당한 도움이 될 것이다.

3. 어떤 상품으로 가입해야 할까?

− 연금저축

	연금저축		
	펀드	신탁	보험
납입방법 /한도	연간 1,800만 원 한도자유납입		월 보험료 5~150만 원 매월 정액납입(납입중단 시 실효) − 납입유예 신청가능
수익률	실적배당	실적배당	공시이율
운용	상대적으로 공격적 운용	안전자산 위주 투자	안정적인 운용
상품유형	다양한 연금전용 펀드로 구성 − MMF, 채권형, 혼합형 주식형	안정형(채권 90%, 주식 10%) 채권형(채권 100%)	금리연동형 (유배당, 무배당)
원금보장	원금 비보장	원금 보장	원금 보장
연금 수령기간	확정기간형(10년 이상)		확정기간형(10년 이상) 종신형(최소보증기간 있음)

연금저축은 가입기간 5년 이상이면서 55세 이후부터 연금수령이 가능한 상품이다. 일단 납입을 시작하면 55세 이후에나 연금으로 수령이 가능하므로 가입하기 전에 각 상품별 특징을 살펴보고, 자신의 상황에 맞는 상품을 선택하는 것이 좋다. 물론 상품별로 이동이 불가능한 것은 아니다. 2015년부터 '연금저축 계좌이체 간소화 제도'가 도입되면서 각 상품 간 이동이 보다 간편해지긴 했지만, 생각만큼 상품 간 이동이 활발하지는 않다. 따라서 하나의 상품만 고집하기보다는 금액을 나눠 세 개의 상품 모두 가입하는 것도 한번 고려해볼 만하다.

상품별 특징은 다음과 같다. 연금저축 신탁과 펀드는 자유로운 납입이 가능하고, 운용 실적에 따라 수익률이 달라진다는 점이 공통점이다. 그러나 연금저축 신탁은 납입한 원금이 보장되는 데 반해, 펀드는 원금 손실의 가능성이 존재한다. 상품 구성에서도 차이가 있는데, 연금신탁은 채권형과 안정형 이렇게 둘 중 하나를 선택해서 가입해야 하지만, 연금저축펀드는 여러 펀드에 분산투자가 가능하다. 연금저축 펀드 안에는 MMF에서부터 채권형, 혼합형, 그리고 주식형 등 다양한 펀드가 존재하며, 펀드 내에서 상품의 변경이 자유롭다. 게다가 투자대상도 국내에 국한되지 않고 해외까지 가능하다.

연금저축 보험은 공시이율로 운용되는 상품으로, 매월 동일한 금액을 입금해야 한다. 금리에 연동해서 운용되기 때문에 원금이 보장되며, 생명보험사 상품의 경우 죽을 때까지 연금을 받을 수도 있다(종신형). 매월 정기적으로 납부해야 하는 부담은 있지만, 납입유예 제도를 활용하여 일정기간 납입을 연기할 수도 있다. 신탁과 펀드 대비 보험의 장점은 가입기간이 길어질수록 수수료가 저렴해진다는 점이다. 보험은 매월 납입해야 하는 돈에서 설계사 수당 등 사업비 명목으로 보험사가 수수료를 차감하므로 가입 초기의 수수료 부담이 상대적으로 큰데, 일정 기간이 지나면 수수료가 다른 상품보다 훨씬 저렴해진다. 반면에 신탁과 펀드는 적립액 기준으로 수수료를 매기기 때문에 납입기간이 길어지면 길어질수록 더 많은 수수료를 차감하게 된다. 연금저축은 장기상품이라는 점을 고려해봤을 때 수수료도 잘 따져봐야 할 것이다.

– IRP

납입방법/한도	연간 1,800만 원 한도 / 자유납입
수익률	실적배당, 확정이율 복합구성이 가능

운용	상품 선택에 따라 안정적 운용부터 공격적 운용까지 다양함
상품유형	다양한 상품구성 – 정기예금, 채권형 펀드, 혼합형 폰드, 주식형 펀드 등
원금보장	상품에 따라 원금보장여부가 각기 다름
연금수령기간	확정기간형(10년 이상)

IRP는 퇴직연금 가입자들만 가입할 수 있는 상품으로, 퇴직연금 가입대상이 아닌 자영업자나 공무원, 군인, 교사는 가입할 수 없다. IRP는 개인 부담금 이외에도 퇴직 시 받게 되는 퇴직금을 함께 운용할 수 있다. 향후 퇴직금을 수령한다면 일시금으로 받아 퇴직소득세를 내는 것보다 IRP에 입금하여 운용하는 것이 좋다. 당장 내야 할 세금을 나중에 낼 수 있어, 내야할 세금도 운용하여 추가적인 수익을 발생시킬 수 있다(과세이연효과). 또한, 일시금으로 받아 쓰는 것보다는 IRP에 입금하여 연금으로 받는 것이 절세 차원에서도 효과가 크다.

연금저축 세액공제한도인 400만 원과 별도로 300만 원의 추가혜택을 볼 수 있기 때문에 기존 연금저축 세액공제 한도를 다 사용하고 있다면 추가로 신규를 고려해볼 만하다. 만약 기존에 가입한 연금저축 상품이 없다면 IRP만으로도 700만 원까지 세액공제가 가능하다.

IRP의 경우 연금저축 펀드처럼 펀드 내에서 다양한 상품에 분산해서 투자할 수 있다. 하지만 상품구성 측면에서 연금저축 펀드보다 훨씬 다양한 상품들로 구성되어 있어 선택의 폭이 훨씬 넓다. 펀드 이외에 정기예금으로도 운용이 가능하며, 일반 예금과 별도로 5천만 원의 예금자보호한도가 추가된다.

*이 내용은 2015년 12월 31일 현재 기준으로 작성되었다. 세법에 대한 내용은 지속적으로 변경되기 때문에 사전에 이를 확인할 필요가 있다.

같은 값이면 다홍치마. 절세상품에 주목하라

인간이 태어나서 죽을 때까지 피할 수 없는 것이 두 가지가 있다. 그건 바로 죽음과 세금이다. 죽을 때까지 피할 수 없다면 허용된 범위 내에서 최대한 즐겨야 한다. 죽음과 맞닥뜨린 우리는 내일이 다시는 오지 않을 것처럼 오늘 하루를 살아야 하고, 세금은 줄일 수 있는 한 최대한 줄여야 한다.

2016년 초반부터 ISA와 비과세 해외주식투자전용펀드로 금융권이 떠들썩하다. 저금리 시대, 1%의 수익률이 아쉽지만 수익률을 올리려는 노력만큼이나 중요한 것이 바로 절세이다. 같은 값이면 다홍치마라고 하지 않았던가. 동일한 조건의 상품에 가입한다면 이왕이면 세금혜택이 주어지는 상품을 선택하는 것이 현명하다. 각 상품별 특징에 대해 알아보도록 하자.

ISA란?

ISA(Individual Savings Account, 개인종합자산관리계좌)란 국민의 재산형성을 실질적으로 지원하기 위해 국가가 세금혜택을 부여한 계좌로 한 계좌에 예금, 펀드, ELS, ETF 등 다양한 금융상품을 담아 운용할 수 있다. 2016년 3월 14일부터 2018년 말까지 한시적으로 가입 가능한 상품으로 전 금융기관을 통틀어 1인 1계좌만 개설 가능하기 때문에 가입에 신중할 필요가 있다. 기본적인 내용은 다음과 같다.

구분	일반형	청년형/자산형성 지원형	서민형
가입대상	근로소득자 사업소득자 농어민	일반형 대상자 중 *청년형 : 만 15세 이상~만 29세 이하인 자(병역기간 제외) *자산형성 지원형 : 국민기초생활보장법에 따른 자산형성지원금 지급자	총 급여 5천만 원 이하 근로자 종합소득 3,500만 원 이하 사업자
비과세 한도	순이익 200만 원	순이익 200만 원	순이익 250만 원
가입기간	5년	5년	5년
의무가입 기간	5년	3년	3년

　가입 대상자는 근로소득자, 사업소득자, 농어민으로 ISA에 가입하기 위해서는 관련 증빙서류를 첨부해야만 한다. 하지만 직전년도 금융소득종합과세 대상자는 가입할 수 없다. ISA는 일반형과 청년형/자산형성 지원형, 서민형 이렇게 세 가지 형태로 가입이 가능한데, 청년형/자산형성 지원형과 서민형은 가입기간은 5년이지만 의무가입기간이 3년이기 때문에 3년 이후에는 해지해도 세금상의 불이익이 전혀 없다. 게다가 서민형의 경우 비과세 한도가 다른 것에 비해 50만 원이 더 주어지는 만큼, 본인의 가입 가능 여부를 꼼꼼히 따져볼 필요가 있다.

　ISA는 투자자가 직접 운용하는 신탁형 ISA와 금융기관이 제시한 포트폴리오에 의해 운용되는 일임형 ISA가 있다. 본인이 상품 운용에 자신이 없다면 금융회사를 믿고 일임형 ISA에 가입하는 것도 괜찮다. ISA의 경우 계좌 내에서 자유로운 상품 교체가 가능하기 때문에 한 가지 상품을 고집하기보다 상황에 따라 상품 변경을 통하여 좀 더 높은 수익률을 추구해야 한다.

　ISA의 가장 큰 장점은 손익통산과 비과세 혜택이다. 손익통산이란 이익에서 손실을 차감한 순이익에 과세를 하는 것이다. ISA의 경우 계좌 내에서 다양한 금융상품을 운용하여 발생하는 이익에서 손실을 차감한 순이익에 대해 200~250만 원까지는 비과세 혜택을 주고, 초과분에 대해서는 9.9%의 저율 분리과세를 적용한다. 예를 들어 ISA 일반형의 경우 A라는 상품에서는 300만 원의 이익을 보았지만, B라는 상품에서 90만 원의 손실을 보았다면 300만 원에서 90만 원을 차감한 210만 원 중 200만 원은 비과세로, 그리고 200만 원을 초과한 10만 원에 대해서는 9.9%의 세율을 적용하게 되므로 210만 원에 대한 세금이 9,900원(10만 원×9.9%)으로 저렴하다. 만약 ISA가 아닌 일반상품으로 A와 B 상품을 보유하고 있었다면 이익과 손실이 별도로 계산되기 때문에 A라는 상품에서 발생한 300만 원의 이익에 대해 전액 15.4%의 세율이 적용되어 46만 2천 원(300만 원×15.4%)의 세금을 내야한다. ISA로 가입했을 때의 절세효과가 무려 45만 2,100원이나 되는 것이다. 이익과 손실을 통틀어 계산하는 손익통산에 비과세 혜택까지 더해져 보다 높은 세금 혜택이 주어지게 된 것이다. 그러나 국내상장주식 매매차익과 국내주식형 ETF 매매차익의 경우 원래 비과세혜택을 주고 있기 때문에 ISA에 국내 주식형펀드나 ETF를 포함할지의 여부는 잘 판단하기 바란다.

ISA의 투자한도는 매년 2천만 원씩 5년간 총 1억 원을 납입할 수 있다. 참고로 한 해에 2천만 원을 초과해서 입금할 수는 없다. 의무가입기간은 일반형의 경우 5년으로 의무가입기간 내에 원금 및 이자의 인출이 제한된다. 그러나 인출이 전혀 불가능한 것은 아니다. 인출을 할 수는 있으나 일반과세로 전환되기 때문에 당초 가입 목적이었던 세금혜택은 볼 수 없다. 특이한 점은 의무가입기간이 지나면 수익률에 관계없이 자동으로 해지되기 때문에 만기 이전에 수익률 관리가 필요하다. 만약 수익률 하락의 이유로 계좌를 계속 유지하기를 원한다면 특정금전신탁계약으로 변경하여 계속 유지는 할 수 있으나 일반과세로 전환되기 때문에 이 역시 세금혜택을 받을 수 없다.

비과세 해외주식투자전용펀드란?

정부는 외환시장 안정과 해외투자 활성화를 위해 2015년 세법을 개정하여 해외주식투자전용펀드의 비과세 특례조항을 신설하였다. 비과세 해외주식투자전용펀드란 해외주식에 60% 이상 투자하는 펀드로, 해외주식 매매차익과 이에 따른 환차익에 대해 비과세가 적용되는 상품을 의미한다. 일반적으로 국내 주식형 펀드와는 달리 해외에 투자하는 주식형 펀드의 경우 이익금에 대해 15.4%의 세금을 내야했기 때문에 절세 측면에서 확실한 혜택이 주어진 셈이다. 참고로 해외펀드에서 발생하는 모든 손익에 대해 비과세가 적용되는 것은 아니기 때문에 펀드가 손실이 나더라도 세금은 발생할 수 있다. 펀드 내 배당금, 환헷지, 채권매매차익 및 이자와 관련된 환차익은 과세대상이다.

비과세 해외주식투자전용펀드는 2016년 2월 29일부터 2017년 말까지 한시적으로 가입 가능하다. 가입일로부터 10년 되는 시점이 만기일로 고정되며 10년 만기 시 펀드는 자동으로 청산되어 연결계좌에 입금된다. 만기는 연장하거나 축소할 수는 없지만 의무가입기간이 존재하지 않기 때문에 중도에 부분 인출이나 전액 해지하더라도 비과세 혜택을 온전히 볼 수 있다. 납입 한도는 전 금융기관 통합 1인당 3천만 원으로 계좌 수에는 제한이 없다. 그러다 보니 한도에 맞춰 다양한 펀드에 투자하는 것도 가능하다.

ISA와 비과세 해외주식투자전용펀드 상품 특징 비교

해외에 투자하는 주식형 펀드에 가입을 고민하고 있는 사람이라면 ISA와 비과세 해외주식투자전용펀드를 놓고 고민할 필요가 있다. ISA는 다양한 포트폴리오의 일부로써 해외주식형 펀드를 운용할 수 있는 반면 비과세 해외주식투자전용펀드는 오직 해외에 투자하는 주식형 펀드만 가능하다. 이외에도 가입대상과 비과세, 중도

인출 가능여부 등 다양한 차이점이 존재하니 두 상품 간 비교를 통해 본인의 상황에 맞는 상품을 선정하길 바란다.

	ISA(일반형)	비과세 해외주식투자전용펀드
가입대상	근로소득자, 사업소득자, 농어민 (금융소득종합과세 대상자 제외)	소득 관계 없이 누구나
운용자산	예금, 펀드, ELS, ETF 등	해외주식에 60% 이상 투자하는 펀드
가입기한	2018년 말	2017년 말
가입기간	5년	10년
의무가입기간	5년	없음
중도인출 가능 여부	불가능 (인출시 과세)	가능
납입한도	매년 2천만 원씩 총 1억 원	3천만 원
비과세	이익에서 손실을 차감한 순이익	해외주식 매매차익과 이에 따른 환차익
비과세 한도	200만 원	한도 제한 없음
계좌 수 제한	전 금융기관 통합하여 1인 1계좌	계좌 수 제한 없음

참고문헌

강대진 외, 《인문학 명강(서양고전)》, 21세기북스, 2014

강도현, 《골목사장분투기》, 인카운터, 2012

강신주 외, 《인문학 명강(동양고전)》, 21세기북스, 2013

강창희, 《당신의 노후는 당신의 부모와 다르다》, 쌤앤파커스, 2013

김병숙, 《은퇴 후 8만 시간》, 조선북스, 2012

김재영, 《재무설계법칙》, 미래에셋투자교육연구소, 2006

김정운, 《남자의 물건》, 21세기북스, 2012

김정운, 《노는 만큼 성공한다》, 21세기북스, 2011

김태유, 《은퇴가 없는 나라》, 삼성경제연구소, 2013

김형래, 《나는 치사하게 은퇴하고 싶다》, 청림출판, 2010

김혜남, 《서른살이 심리학에게 묻다》, 갤리온, 2008

대니얼 고틀립, 《샘에게 보내는 편지》, 문학동네, 2006

대니얼 클라인, 《철학자처럼 느긋하게 나이 드는 법》, 책읽는수요일, 2013

댄 애리얼리, 《경제 심리학》, 청림출판, 2011

데이비드 바크, 《자동으로 부자되기》, 황금가지, 2008

데일 카네기, 《데일 카네기의 자기관리론》, 더클래식, 2011

로버트 라이시, 《위기는 왜 반복되는가》, 김영사, 2011

리더스 던컨, 《신용천국의 몰락》, 인카운터, 2013

리처드 브로디, 《나는 그럭저럭 살지 않기로 했다》, 흐름출판, 2012

마크 파버, 《내일의 금맥》, 필맥, 2004

미치 앤서니, 《은퇴혁명》, 청년정신, 2004

밀턴 프리드먼, 《화폐경제학》, 한국경제신문사, 2009

박경철, 《시골의사의 부자경제학》, 리더스북, 2006

박웅현, 《여덟 단어》, 북하우스, 2013

박종훈, 《2015년, 빚더미가 몰려온다》, 21세기북스, 2012

방현철 , 《부자들의 자녀교육》, 이콘, 2007

법정스님 · 류시화 엮음, 《산에는 꽃이 피네》, 문학의 숲, 1998

벤자민 그레이엄, 《현명한 투자자》, 국일증권경제연구소, 2007

보도 섀퍼, 《보도 섀퍼의 돈》, 북플러스, 2006

새무얼 스마일즈, 《검약론》, 21세기북스, 2006

샹용이 · 비얼리 지음, 차혜정 옮김, 《달러쇼크》, 프롬북스, 2010

선대인, 《선대인, 미친 부동산을 말하다》, 웅진지식하우스, 2013

세일러, 《착각의 경제학》, 위즈덤하우스, 2013

앙드레 코스톨라니, 《돈, 사랑한다면 투자하라》, 더난출판사, 2005

엘리자베스 워런 · 아멜리아 워런 티아기, 《맞벌이의 함정(중산층 가정의 위기와 그 대책)》, 필맥, 2004

올리버 제임스, 《어플루엔자》, 알마, 2010

우석훈, 《불황 10년》, 새로운현재, 2014

울리히 슈나벨, 《휴식 : 행복의 중심》, 걷는나무, 2011

유영만 · 고두현 지음, 《곡선이 이긴다》, 리더스북, 2011

윤태호, 《미생》, 위즈덤하우스, 2013

이근후, 《나는 죽을 때까지 재미있게 살고 싶다》, 갤리온, 2012

이명수, 《오아시스》, 아름다운 날, 2004

이민규, 《실행이 답이다》, 더난출판사, 2011

장순욱, 《돈의 가치를 10배로 늘려주는 소비의 경제학》, 책이있는마을, 2010

장하준, 《그들이 말하지 않는 23가지》, 부키, 2010

전기보, 《은퇴 후, 40년 어떻게 살 것인가》, 미래지식, 2013

전병서, 《5년후 중국》, 참돌출판사, 2011

정진홍 , 《인문의 숲에서 경영을 만나다 2》, 21세기북스, 2008

조지 매그너스, 《고령화시대의 경제학》, 부키, 2010

조지 베일런트, 《행복의 조건》, 프런티어, 2010

찰스 고예트, 《돈의 흐름이 바뀌고 있다》, 청림출판, 2011

최인철, 《나를 바꾸는 심리학의 지혜, 프레임》, 21세기북스, 2007

칼 필레머, 《내가 알고 있는 걸 당신도 알게 된다면》, 토네이도, 2012

콜레트 메나주, 《노년예찬》, 정은문고, 2013

크리스토퍼 시, 《이코노믹 액션》, 북돋움, 2009

테드 C. 피시먼, 《회색쇼크》, 반비, 2011

톰 래스 · 짐 하터, 《무엇이 우리를 행복하게 하는가》, 위너스북, 2014

피터 린치 · 존 로스차일드, 《피터린치의 투자이야기》, 흐름출판, 2011

하이데마리 슈베르머, 《소유와의 이별》, 여성신문사, 2010

한국FPSB 편, 《투자설계》, FPSB Korea, 2008

한혜경, 《나는 매일 은퇴를 꿈꾼다》, 샘터, 2012

홍사황, 《3억으로 돈 걱정 없는 노후 30년》, 위즈덤하우스, 2011

홍자성, 《채근담》, 홍익출판사, 2011

홍춘욱, 《돈 좀 굴려봅시다》, 스마트북스, 2012

중앙경제평론사 Joongang Economy Publishing Co.
중앙생활사 | 중앙에듀북스 Joongang Life Publishing Co./Joongang Edubooks Publishing Co.

중앙경제평론사는 오늘보다 나은 내일을 창조한다는 신념 아래 설립된 경제 · 경영서 전문 출판사로서
성공을 꿈꾸는 직장인, 경영인에게 전문지식과 자기계발의 지혜를 주는 책을 발간하고 있습니다.

당신의 인생을 바꾸는 **돈 공부 입문**

초판 1쇄 발행 | 2016년 6월 23일
초판 4쇄 발행 | 2016년 8월 20일

지은이 | 최현진(Hyun Jin Choi)
펴낸이 | 최점욱(Jeomog Choi)
펴낸곳 | 중앙경제평론사(Joongang Economy Publishing Co.)

대　　표 | 김용주
책임편집 | 길주희
본문디자인 | 박근영

출력 | 케이피알　종이 | 타라유통　인쇄 | 케이피알　제본 | 은정제책사

잘못된 책은 구입한 서점에서 교환해드립니다.
가격은 표지 뒷면에 있습니다.

ISBN 978-89-6054-178-8(03320)

─────────────────────────

등록 | 1991년 4월 10일 제2-1153호
주소 | ⑨ 04590 서울시 중구 다산로20길 5(신당4동 340-128) 중앙빌딩
전화 | (02)2253-4463(代)　팩스 | (02)2253-7988
홈페이지 | www.japub.co.kr　블로그 | http://blog.naver.com/japub
페이스북 | https://www.facebook.com/japub.co.kr　이메일 | japub@naver.com
♣ 중앙경제평론사는 중앙생활사 · 중앙에듀북스와 자매회사입니다.

Copyright ⓒ 2016 by 최현진
이 책은 중앙경제평론사가 저작권자와의 계약에 따라 발행한 것이므로 본사의 서면 허락 없이는
어떠한 형태나 수단으로도 이 책의 내용을 이용하지 못합니다.

※ 이 도서의 국립중앙도서관 출판시도서목록(CIP)은 서지정보유통지원시스템 홈페이지(http://seoji.nl.go.kr)와
국가자료공동목록시스템(http://www.nl.go.kr/kolisnet)에서 이용하실 수 있습니다.(CIP제어번호:CIP2016013411)

중앙경제평론사에서는 여러분의 소중한 원고를 기다리고 있습니다. 원고 투고는 이메일을 이용해주세요.
최선을 다해 독자들에게 사랑받는 양서로 만들어 드리겠습니다. **이메일** | japub@naver.com